평생 할 수 있는
강력한 루틴 만들기

66일
습관혁명

평생 할 수 있는
강력한 루틴 만들기

66일

습관혁명

THE HABIT
REVOLUTION

김주난 지음

izi PUBLISHING

눈부신 인생 혁명을 위해
66일만 투자하라

"오늘이 삶의 마지막 날이라고 생각하라. 그러면 항상 최선을 다하는
삶을 살 수 있다."

"하루하루를 인생의 마지막 날이라고 생각하고 살아야 한다."

김수환 추기경과 스티브 잡스의 말이다. 이 말처럼 우리는 허
투루 보내는 하루하루를 경계해야 한다. 눈부신 인생을 살고, 인
생 혁명을 이루는 사람의 단 한 가지 비결은 시간을 아끼고 최선
을 다하는 삶의 자세이다. 당신의 삶은 어떤가? 혹시 시간 낭비하
며 하루를 보내지는 않는가? 게임에 빠져있거나 과도한 TV 시청,
아니면 하는 일 없이 그저 빈둥거리면서 아까운 세월을 낭비하고
있는 것은 아닌가?

이 책은 필자가 37년 동안 직장생활을 하면서 독서의 중요성, 인간관계의 중요성, 운동의 중요성 등을 깨우치지 못해 화병으로 13년 동안 극심한 가슴 통증을 혼자 견디어야 했던 경험을 말하고 있다. 필자와 같은 가슴 아픈 상황을 이 책을 읽는 독자들은 겪지 않기를 바라면서 글을 쓰게 되었다.

남이 아닌 자신이 주인인 인생을 살고 싶은 독자, 경제적 자유인이 되고 싶은 독자, 독서를 하고 싶은 독자, 건강을 챙기고 싶은 독자, 무엇보다 인생을 변화시키고 눈부신 삶을 맞이하고 싶은 독자가 있다면, 반드시 이 책을 읽어보기를 권한다. 그런 이들에게 가장 필요하고 도움이 되는 책이 될 것이다.

이 책이 기존 책과 다른 점은 필자만의 60년 인생에서 실패하고 성공했던 내용과 경험을 기록했다는 점이다. 필자는 37년 동안 직장생활을 하면서 소중한 시간을 많이 낭비했다. 이 책을 읽는 독자는 한 번뿐인 인생의 소중한 시간을 필자처럼 낭비하지 않기를 바라면서 인생 역전을 위해 꼭 필요한 다섯 가지 습관 혁명을 이야기하고자 한다.

독서가 얼마나 큰 인생 혁명을 이룰 수 있는지를 말하는 독서 혁명, 행복하고 성공적인 삶을 위해 필요한 관계 혁명, 도약하고 성장하는 데 필요한 쓰기 혁명, 더 큰 인생을 살기 위한 의식 혁명, 운동을 제대로 익히지 않으면 나이 들어 얼마나 고생하는지를 보여주고 해결책을 제시하는 운동 혁명이 그것이다.

그렇다면 왜 66일인가? 66일이면 당신에게 좋은 습관이 완전하게 뿌리내릴 수 있는 가장 짧은 기간이다. 66일만 당신이 한 가지 기술을 매일 실행한다면, 그것은 평생 할 수 있는 강력한 습관이 될 수 있다. 인생을 바꾸고자 한다면 딱 66일만 투자하면 가능하다. 이 책은 인생 지침서라고 할 수 있다. 이 책이 제안하는 다섯 가지 습관 혁명을 66일만 한다면, 당신은 후회하지 않는 인생을 보낼 수 있을 것이다.

독서와 책 쓰기로 조선 최고의 선비가 된 정약용과 현대 경영학의 창시자가 된 피터 드러커, 매일 10km 달리기와 운동을 통해 일본 최고의 소설가가 된 무라카미 하루키, 깨어있는 의식으로 노예를 해방시키고 최강대국 미국의 초석을 놓은 링컨, 신하들과의 관계 혁명으로 성군이 된 세종대왕 등 인생의 선배가 알려주는 진솔한 삶의 기술을 이 책에 담았다. 66일 습관 혁명을 알게 해 준 대가들을 통해 우리는 삶의 기술을 배울 수 있다.

한 번 지나간 시간은 돌아오지 않고 저장할 수도 없다. 시간을 그냥 흘려보내서 많은 사람은 실패한다. 66일 습관 혁명을 통해서 시간을 아끼고 잘 사용하는 기술을 습관으로 몸에 체득하면 인생 성공자의 삶을 살게 될 것이다.

나폴레옹의 이 말을 명심하자.

"영토를 잃을지라도 결코 시간을 잃지 않겠다."

이 책이 당신을 시간과 인생의 정복자로 만들어 줄 것이다. 행운을 빈다.

김주난

| 차 례 |

제 3장
언제까지 인생의 방관자로 살 것인가?

제 4장
성공을 위한 다섯 가지 습관 혁명

제 5장
66일 습관 혁명을 알게 해 준 대가들

왜 66일 습관 혁명인가?

66일은 당신의 능력을 향상시킨다

66일이 좋은 습관을 뿌리내리게 한다

66일은 게으름을 치료한다

66일이면 성공자가 된다

66일만 하면 90% 성공이다

66일은
당신의 능력을 향상시킨다

. . .

"할 수 있다고 믿으면 할 수 있고,
할 수 없다고 믿으면 할 수 없다."

헨리 포드, 기업인 · 공학기술자

당신 안에 거인이 있다. 깨우기를 원하는가? 66일 동안 당신의 가슴을 뛰게 하는 목표를 이루기 위해 노력한 적이 있는가? 66일을 견디는 당신의 의지력은 기적을 부르고 당신의 능력을 향상시킨다.

66일을 투자하라. 상전벽해와 괄목상대를 경험하게 된다. 세상의 모든 일이 엄청나게 변한 것과 같이 당신의 능력이 생각 이상으로 업그레이드된다. 자신을 믿고 포기하지 않는다면 66일은 당신의 독서 능력, 운동 능력, 관계 능력, 의식 능력, 쓰기 능력을 향상시킨다.

왜 66일인가?

첫째, 66일은 독서 능력을 향상시킨다. 독서 능력은 지식을 확장시키고, 지혜를 깨우치게 하며 명예와 부를 함께 가져다 줄 수 있게 한다. 독서 능력을 통해 지식, 지혜, 명예, 부를 가진 인물로는 링컨, 세종대왕, 공자, 정약용, 빌 게이츠, 워런 버핏 등이 있다.

링컨은 평생 14개월 교육을 받았으나 다독으로 얻은 지식과 지혜로 미국 역사상 가장 위대한 대통령이 되었고, 세종대왕은 백번 읽고 백번 읽힌다는 독서법을 실천하여 성군이 되었다. 공자는 주역을 가죽끈이 세 번이나 끊어질 정도로 읽고 도를 실천했다. 정약용은 평생을 독서와 글 쓰기에 정진하여 500권의 책을 집필했고, 백성을 사랑하는 고위공직자의 롤 모델이 되었다. 빌 게이츠의 성공은 도서관에서 책을 읽은 독서의 결과이다. 워런 버핏은 하루 대부분의 시간을 독서에 투자하여 지식과 지혜를 얻었고 예리한 통찰력으로 세계의 부자가 되었다. 알리바바 공동창업자 마윈은 "독서는 남들보다 앞서서 출발하게 해준다."며 독서가 미래를 내다볼 수 있는 안목을 길러준다고 했다. 독서는 세상을 바라보는 당신의 눈을 바꿔줄 것이다. 18세기 프랑스의 사상가 볼테르는 "세상은 책에 의해 움직이고 있다."고 했다. 독서는 그저 활자를 읽는 것이 아니다. 당신의 세상을 바라보는 눈을 길러주고, 앞으로 어떻게 살아가야 하는지에 대한 해답을 제시해 준다. 66일은 그런 독서 능력을 키워준다.

지금은 유튜브, 페이스북 등 SNS 시대다. 대부분 독서를 하지 않는다. 당신이 당장 독서를 시작한다면 독서력으로 다른 사람보다 더 빨리 성공한다.

게임할 시간은 있는가? 그 시간에 책 한 장이라도 읽어라. 한 장이 두 장이 되고 곧 책 한 권이 된다. 책 한 권이 두 권이 되며 이내 100권, 200권, 1,000권이 된다. 독서 능력은 당신을 링컨 대통령과 같은 정직하고 지혜로운 성공자가 되게 한다.

둘째, 66일은 운동능력을 향상시킨다. 운동은 몸을 건강하게 하고 체력을 키워준다. 건강을 잃으면 모든 것을 잃는다. 운동을 통해서 건강을 유지할 수 있다. 유산소 운동은 뇌 기능을 활발하게 하고 세로토닌과 도파민을 분비하여 집중력과 기억력, 사고력, 업무수행 능력을 향상시킨다. 유산소 운동은 근력운동과 함께 할 때 더 효과가 좋다.

운동은 뇌의 피로를 회복시켜 하루를 48시간으로 살아 갈 수 있게 해준다. 또한 콜레스테롤이 코르티솔로 전환되지 못하게 하여 스트레스를 해소시킨다. 걷기만 잘 해도 건강을 유지할 수 있다. 만보기를 사용한 운동 거리 측정은 운동 의욕을 솟아나게 하고 운동 능력을 키워준다. 나이 들어 허벅지 근육이 다 타서 없다면 어떨까? 걷는 것조차 힘들다면 절망스러울 것이다. 인생은 끝난 것이나 다름없다.

머리를 쓰면서 지적 중노동을 하는 사람은 운동을 최우선 순위에 두어야 한다. 운동은 공부와 글 쓰기를 위한 필수조건이다. 몰입과 집중력으로 공부와 업무의 질을 업그레이드하려면 운동을 반드시 해야 한다.

　66일은 당신의 운동 능력을 향상시키는 최소 기간이다. 당장 운동을 시작하라. 운동할 시간이 없는가? 진짜 없는가? 자신에게 물어보라. 생활 속에서 운동하라. 자가용보다 대중교통을 이용하라. 지하철역까지 걷는 것도 운동이다. 지하철을 기다리면서도 스트레칭을 하면 된다. 스트레칭도 운동이다. 회사 근처의 공원 체육시설을 활용하라. 조금만 일찍 출근하면 된다. 회사 책상 옆에서 앉았다 일어서기를 하는 것도 운동이다. 앉아서 기지개를 켜는 것도 운동이다. 몸을 움직이는 것 자체가 운동이다. 운동 능력은 당신의 성공을 위한 초석이다. 운동을 통해 당신이 하는 모든 일에 자신감을 갖게 하는 체력과 건강을 챙길 수 있다. 아프면 만사가 귀찮고 힘들다. 당장 운동을 하여 당신의 영혼이 즐거워하는 활기찬 일상을 보내라.

　셋째, 66일은 인간관계 능력을 향상시킨다. 좋은 인간관계는 성공을 보장하고 당신을 행복하게 한다. 인간관계가 좋지 않으면 성공하기 어렵고 삶의 의욕이 저하되며, 우울증 및 자살의 원인이 되기도 한다.

하버드대학교 성인 연구소는 1930년대 이후 하버드대 졸업생과 미국 보스턴주의 가장 빈촌에서 태어난 사람 724명을 대상으로 흥미로운 연구를 진행했다. 이 연구소는 인생을 건강하고 행복하게 살았던 사람은 모두 좋은 인간 관계를 맺은 사람이었다는 연구결과를 발표했다. 90세 이상의 장수한 사람들은 가족관계, 부부관계, 친구관계가 좋았다. 반면 인간 관계가 좋지 않은 사람은 우울증과 각종 질병에 시달리다 죽음을 맞이했다고 밝혔다.

미국의 작가이자 처세술 전문가인 데일 카네기는 "인생은 부메랑과 같아서 당신이 준만큼 돌아온다."고 했다. 그렇다. 콩 심은 데 콩 나고 팥 심은 데 팥 난다. 심은 대로 거둔다는 뜻이다. 내가 남의 험담을 하면 그것이 부메랑이 되어 나에게 그대로 돌아온다. 남을 비난하거나 험담해서는 안 되는 이유가 여기에 있다.

현인들은 말한다. 인생에서 성공하려면 멘토를 만나야 한다고. 인생의 멘토가 있었던 사람 중 93%는 자신의 막대한 부가 멘토 덕분이라고 밝혔다. 성공한 사람들의 대부분은 오늘의 자신이 있게 한 멘토가 있었다. 주식 황제 워런 버핏에게는 벤자민 그레이엄이, 정약용에게는 성호 이익이 멘토였다. 당신의 인생에 멘토가 있다면 당신은 성공으로 가는 비행기에 탑승한 것이다.

다른 사람을 멘토링 하는 것은 시간 낭비가 아니다. 자신이 하는 일에 대한 전문성을 높여주며 자신을 더 크게 성장하게 한다. 가르치는 것이 최고의 공부이기 때문이다. 이런 멘토와 멘토링 또한 관계가 좋은 사람들이 유리하다. 관계를 잘 맺지 못하는 사람들은 누군가의 멘토나 멘티가 될 수 없기 때문이다.

66일은 대인관계 능력을 향상시킨다. 대인관계에 있어서 나의 문제가 무엇인지 먼저 확인하라. 모든 문제는 나에게 있다. 깊이 사색도 하고 명상도 하고 책도 읽어라. 답을 찾을 수 있다. 이 세상의 모든 문제에는 답이 있다. 성격은 천성이어서 못 고친다고? 아니다. 고칠 수 있다. 자신을 믿고 하나씩 고쳐라. 대인관계에 관련된 책, 보고서, 유튜브 등 엄청나게 많다. 읽고 보고 생각하고 반성하라. 그리고 실천하라. 당신의 결점을 고치면 당신은 성공한다. 인정받는다. 인생이 즐겁고 행복해진다.

넷째, 66일은 의식 능력을 향상시킨다. 자신감과 확신을 갖게 하고 자아실현을 가능하게 해준다.

"오랫동안 꿈을 그리는 사람은 그 꿈을 닮아간다."는 프랑스 작가 앙드레 말로의 말처럼, 꿈을 생생하게 시각화하여 잠재의식을 현실로 끌어내는 R=VD 공식을 실천하면 성공의 기회를 잡을 수 있다. 여기서 R은 Realization(현실로 실현), V는 Vivid(생생한), D는 Dream(꿈)이다.

우주 만물은 에너지로 이루어져 있다. 당신이 선포하고 확언하는 말은 에너지로 우주에 전달된다. 우주는 당신이 어떤 생각을 하는지 매 순간 확인하고 당신의 꿈을 현실에서 이루어지게 한다. 말이 씨가 된다. 절대로 입 밖으로 부정적인 말을 내뱉어선 안 된다. 긍정의 확언은 좋은 결과를, 부정의 말은 나쁜 결과를, 가져온다. 이것은 양자역학의 이론으로 증명된다.

"우리 시대의 가장 위대한 발견은 인간이 자신의 마음가짐을 바꿈으로써 삶을 바꿀 수 있다는 사실을 발견한 것이다."라고 미국의 심리학자 윌리엄 제임스는 의식의 중요성을 강조했다.

66일은 의식 능력을 향상시킨다. 우리는 역사상 성현, 위인들의 책을 읽으면서 그들이 후세 사람들에게 어떤 영향력을 끼쳤는지를 사색하는 과정을 통해 의식 능력을 키울 수 있다. 미국 성공학의 대가라 불리는 나폴레온 힐은 "생각한 대로 이루어진다."고 했고, 로마 철학자 세네카는 "운명은 외부에서 오는 것처럼 보이지만 실은 우리 자신의 마음으로부터 비롯된다."고 했다.

마음 속에서 할 수 있다고 믿으면 우리는 꿈꾸는 어떤 것도 이룰 수 있다. 의식을 어떻게 갖느냐가 성공과 실패를 가른다. 그러니 스스로 의식 능력을 향상하기 위해 노력해야 한다.

다섯째, 66일은 쓰기 능력을 향상시킨다. 쓰기 능력은 당신을 작가, 강사, 1인 기업가로 성장시키고 자본가로 만든다.

현대 경영학의 창시자 피터 드러커는 '미래 자본가는 지식근로자'라고 했고, 한근태 작가는 "글을 쓰면 전문성이 키워진다. 글을 쓰면 심심하지 않고 호기심의 촉을 날카롭게 할 수 있고 이름을 알릴 수 있고 돈도 벌 수 있다."고 했다.

삼성맨 출신의 평범한 직장인에서 책 쓰는 작가로, 독서법 코치로 왕성하게 활동하고 있는 김병완 작가는『김병완의 책 쓰기 혁명』이란 책을 통해 글쓰기의 중요성과 필요성을 강조했다. 그는 전문가나 성공한 사람만이 책을 쓰는 것이 아니라 책을 쓰면 전문가가 되고 성공한 사람이 되는 것이라고 했다. 자신을 넘어선 사람이 책을 쓰는 것이 아닌 책을 쓰는 사람이 곧 자기 자신을 넘어선다는 것이다. 그만큼 글을 쓰는 것은 자신의 가치를 높여주는 하나의 방법이 되는 것이다.

66일은 쓰기 능력을 향상시킨다. 1일 1문장의 글쓰기부터 시작하라. 66일 후 당신은 작가의 경지에 올라있을 것이다. 당장 글쓰기를 시작하라. 당신은 베스트셀러 작가도 될 수 있다.

꿈을 더는 미뤄서는 안 된다. 시간이 없다. 간절히 원하는 꿈을 구체화하여 66일 동안 실천하면서 버티면 좋은 습관이 몸에 붙어서 관성의 힘으로 전진할 것이다. 66일만 투자하라.

『갈매기의 꿈』의 저자 리처드 바크는 "너의 한계성에 도전해 싸우라. 그러면 분명히 그것들은 네 능력 안에 들어올 것이다."고 했다. 당신의 자신감 없는 마음이 정해놓은 한계에 도전하여 이기면 당신의 독서 능력, 운동 능력, 인간관계 능력, 의식 능력, 쓰기 능력은 자동적으로 향상될 것이다. 곧 훌륭한 작가, 즐기는 스포츠맨, 소신있는 정치인, 존경받는 사상가, 감동을 주는 강사 등의 꿈을 이룰 수 있다.

66일이
좋은 습관을 뿌리내리게 한다

. . .

> "습관이 바뀌면
> 우리의 인생이 바뀌고 미래가 바뀐다."
>
> 진 폴 게티, 기업인

당신은 꿈을 실현하기 위한 작은 목표를 달성할 계획을 수립해서 지속적으로 노력한 적이 있는가?

영국의 런던대학교 연구결과에 의하면 "66일 동안 작은 목표를 달성하기 위해 지속적으로 반복하여 실천하면 습관이 형성된다."고 했다. 우리 뇌의 바깥쪽은 이성적인 사고를 하는 반면, 뇌의 중간부에 해당하는 변연계는 동물적 사고를 한다. 동물적 사고를 하는 뇌는 재미없고 지겨운 것은 딱 질색이다. 계획을 세우고 4일을 버티지 못하고 포기한 대부분의 사람들은 동물적 사고를 담당하는 뇌의 중간부인 변연계의 통제를 받았다. 살이 찌는 사람 역시 변연계의 통제를 받아 절제하지 못하고 먹은 결과다.

동물형 뇌가 부담을 느껴 미리 포기하지 않도록 목표를 잘게 쪼개면 66일 동안에 누구나 중간 목표를 쪼갠 작은 목표를 달성할 수 있다. 66일 동안 당신의 뇌가 부담감을 느끼지 않을 정도의 작은 목표를 달성하기 위해 조금씩 실천해 나가라. 취업 준비, 영어 공부, 자격증 시험 준비, 글쓰기, 독서, 운동, 취미활동 등 당신의 꿈을 이루기 위해 당신의 가슴이 시키는 목표를 정하여 계획하고 실천하라.

좋은 습관은 가치 있는 작은 것의 반복으로 만들어지고 성공자와 패배자를 가른다. 좋은 습관을 가진 사람은 부와 성공을 거머쥐고 나쁜 습관을 가진 자는 실패를 반복하다 인생을 마감한다. 좋은 습관은 당신에게 크고 작은 변화를 가져다준다. 소소한 습관이라 할지라도 당신에게 미치는 영향은 크다. 그 작은 습관은 당신의 삶에 잔잔한 파동을 일으키고, 그 파동은 서서히 파도가 되어 당신의 인생을 변화시킨다.

나는 1979년 중학교 1학년 때 친구 덕분에 공부하는 좋은 습관을 만들었다. 하교 후에 1등 하는 친구(서울대 법대 졸업, 현재 변호사)와 학교에서 30분 거리에 있는 광주시립도서관에서 주 5일 총 66일을 공부하는 계획을 세웠다. 어떤 때는 도서관에 가고 싶지 않은 적도 있었지만 66일 동안 도서관에서 친구와 함께 공부하는 것을 실천했다. 공부에 흥미가 없었던 나는 친구의 도움으로 도서관에서 배움의 즐거움을 알게 되었고 성적도 점점 향상되었다. 66일 이후에는 혼자서 토요일, 일요일에도 도서관에 가는 습관이 만들어졌다. '친구 따라 강남 간다.'는 말이 있다. 살아가면서 친구의 영향을 많이 받는 다는 뜻이다. 이 자리를 빌려서 나의 공부습관이 형성되게 도와준 존경하는 친구에게 감사함을 전한다.

내가 육군사관학교 생도생활을 할 때 '좋은 습관은 시간을 번다.'는 말을 귀에 딱지가 앉도록 들었다. 1학년 생도생활 때에는 하루하루를 버티는 것도 힘들어서 무슨 뜻인지 알면서도 실천을 하지 않았다. 나는 육사 1학년 생도생활 내내 정신적 고뇌와 육체적 피로가 극에 달해 있었다.

1987년도 육군사관학교에서는 매일 밤 9시가 되면 경례 자세, 보행 자세, 교수부 수업태도가 불량하다고 지적받은 사관생도가 방송으로 호명됐다. 지적은 받았지만 방송에 내 이름이 나오지 않기를 간절히 기도했다. 하지만 예외는 없었다. 호명된 사람은 군장을 꾸려서 연병장에 가서 '절차탁마'를 외치며 야간 구보를 했는데 야간 구보를 약 30분 동안 하고 나면 온 몸이 땀범벅이 된다. 밤 10시 이후에는 대부분의 생도가 취침하거나 공부하는 시간이라 샤워 후 자습실로 이동할 수가 없었다. 다음 날 예습 일일 시험이 있는 것도 모른 채 잠을 자고 일어나면 아침이다. 예습을 안 해서 오전 일일 시험은 0점이다. 점심을 먹고 나면 식곤증과 지난밤 완전군장 구보로 피곤한 몸 때문에 수업 시간에 조는 경우가 많았다. 졸다가 교수님의 지적을 받으면 교수님은 불호령이 떨어진다. "상급 생도 데리고 교수부로 출두해." 나 때문에 교수님께 잔소리를 들을 상급 생도를 생각하면 하루 종일 불안감으로 두근거리는 가슴을 붙잡아야 했다. "상급 생도에게 어떻게 보고를 하나?" 걱정은 태산보다 더 커진다.

육사 1학년 생도생활 내내 경례 자세, 보행 자세, 교수부 수업 불량으로 하루가 멀다 할 정도로 지적을 받아서 하루도 내 심장은 편안한 날이 없었다. 나의 심장에게 미안했다. 주인을 잘못 만나서 고생했다고. 육사 동기들 중 대다수는 경례 자세, 보행 자세, 교수부 수업태도가 좋다. 그들은 지적 받지 않고 자신의 심장이 걱정으로 두근거리지 않아 영혼이 평안한 상태에서 생도생활을 했고 공부할 시간이 많아 좋은 성적을 거두었다.

경례 자세와 보행 자세는 66일 동안 하루에 30분씩만 자세 연습을 했다면 충분히 고칠 수 있었는데, 나는 고치려고 노력하지 않았다. 아니 '원인을 제거하면 지적받지 않는다'는 사실을 몰랐다는 표현이 맞는 것 같다. 경례와 보행 자세를 거울을 보고 연습했다면 하루살이처럼 살지 않았을텐데, 뒤늦은 후회다. 육사 1학년 생도생활은 악순환의 반복이었다. 주변이 온통 나를 지적하는 상급 생도들 뿐이어서 한마디로 혼이 나간 상태에서 생도생활을 했다. 힘든 상황에서 하루하루를 견딜 수 있었던 것은 시골에서 농사일을 하며 고생하시는 부모님께 효도해야 한다는 마음 때문이었다.

육사 생도 1학년 생활, 경례 자세와 보행 자세를 정확하게 하는 습관을 만들지 못해 나의 영혼과 심장에 주인이 아닌 객으로 살았다. 그 황금 같은 청춘의 나이에 나는 내가 내 몸의 주인이라는 사실을 깨닫지 못했다. 그저 '오늘도 무사히'만 보내자는 동물 같은 행동을 하면서 살았던 것이다.

당신이 66일 동안만 당신의 가슴을 설레게 하거나 중요하다고 생각하는 작은 목표를 정하여 반복해서 노력한다면 좋은 습관은 자동적으로 형성되고 이내 자신감을 갖게 될 것이다. 이렇게 만들어진 좋은 습관은 당신의 심장을 평안한 상태로 만들어 주고 당신이 직면한 모든 상황을 개선하며 당신을 인생의 승리자가 되게 하는 탄탄한 기초가 되어 줄 것이다. 공자는 "인간의 천성은 서로 비슷하지만 습관에 의해서 완전하게 달라진다."고 했다. 당신의 습관은 천성을 완전하게 달라지게 할 정도로 강력하다. 좋은 습관을 만들면 모든 일이 순풍에 돛 단 듯이 풀린다. 그러니 좋은 습관을 만들어라.

고대 그리스의 철학자 아리스토텔레스는 "탁월한 사람이라서 올바르게 행동하는 것이 아니라, 올바르게 행동하기 때문에 탁월한 사람이 되는 것이다. 현재의 우리는 우리가 반복적으로 하는 행동의 결과이다. 즉, 탁월함은 행동이 아니라 습관이다."라고 말했다. 당신의 가슴을 뛰게 하거나, 당신이 가치 있다고 생각하는 목표를 정하고 방향성을 유지한 가운데 반복적으로 조금씩 실천하면서 순간순간 성취의 기쁨을 맛 보라. 이것이 보통 사람인 당신을 탁월한 사람으로 만들어 줄 것이다.

66일은
게으름을 치료한다

· · ·

"큰 흉년이 들어 굶어 죽는 백성들이 많아
혹 하늘을 원망하는 사람도 있는데,
내가 보기엔 굶어 죽는 사람은 거의가 게으른 사람들이더구나.
하늘은 게으른 사람을 싫어해서 벌을 내려 죽이려는 것이다."

정약용, 『하피첩』 중에서

성경에 '게으른 사람의 미래는 가시밭길'이라 기록되어 있고, 법정스님은 '게으름은 쇠를 먹는 녹'이라 했다. 게으름은 우리 인생을 더 힘들고 고난하게 하는 원인이 된다는 말이다. 게으름의 원인은 인간의 뇌에 있다. 뇌를 어떻게 이용하느냐에 따라 게으름을 치료할 수도 있고 치료할 수 없기도 하다. 뇌는 순간적인 쾌락과 즐거움에 쉽게 자극되고 행동하는 것을 좋아한다. 뇌는 편안한 것을 좋아하고 스트레스 받는 것을 싫어한다. 서면 앉고 싶고, 앉으면 눕고 싶고, 누우면 자게 되는 것은 바로 뇌 때문이다. 우리 몸에서 결정을 내리는 기관은 주연 역할을 하는 사령탑 뇌다. 다른 기관은 조연 역할을 할 뿐이다. 게으른 뇌는 독서보다 게임과 TV 드라마를 좋아하며 독서를 지루한 것이라고 생각하게 한다. 부지런하도록 훈련된 뇌는 게임과 드라마보다 독서를 하게 만든다. 게으른 뇌를 부지런한 뇌로 바꾸는 노력이 필요하다.

게으른 뇌를 부지런한 뇌로 바꾸는 방법은 쉽고 달성 가능한 것부터 찾아서 실천하는 데서 시작해야 한다. 예를 들면 가슴을 뛰게 하는 꿈과 목표를 매일 3분 동안 선포하기, 주 3회 블로그에 글 올리기, 2주 1회 유튜브 올리기, 매일 치실 사용하기, 매일 5분 스트레칭하기, 매일 7회 팔굽혀펴기 하기, 매일 유튜브 생활영어 30분 듣기, 매일 영어 단어 5개 외우기, 매일 책 3쪽 읽기, 매일 0.5쪽 글쓰기, 매일 30분 생활 속 걷기, 매일 한 명의 친구와 연락하기 등과 같은 것이다.

당신이 할 수 있는 것을 정해 당장 실행하고 66일 동안 지속적으로 하라. 어려운 것은 없다. 반복하면 된다. 실천하고 버텨라. 자신의 게으른 모습이 부지런한 모습으로 바뀌었음을 확인하게 된다.

나는 게으름과 이별하기 위해 매주 주말에 퇴계원 도서관에 가서 아침 9시부터 밤 10시까지 독서를 하거나 글을 쓴다. 66일 동안 도서관에 가서 책을 읽고 글을 쓰는 습관을 들였더니 이제는 관성의 힘으로 자동적으로 도서관에 가고 책을 읽고 글을 쓴다.

작가가 되기 위해 글을 쓰다 보면 책 소재의 재료를 구하기 위해 다양한 책을 읽을 수밖에 없다. 책을 읽고 난 후 모르는 부분을 알게 되어 나의 지식이 확장되는 것을 느낀다.

책은 내가 성현, 위인, 작가, 책 속의 주인공들 보다 얼마나 게으르게 살았는지를 알게 해주었고 무엇을 제대로 하지 않아 두려움에 떨고 있는지를 깨닫게 해주었다. 그리고 독서의 기쁨과 남은 인생에 대한 자신감과 내가 당면한 문제에 대한 솔루션을 주었다.

늦었다면 늦었다고 할 수 있는 나이 60. 나는 60세라는 늦은 나이에 습관 혁명 솔루션이라는 주제로 주 5회 블로그에 글을 올리고 있다. 게으름과 이별하기 위해 66일을 목표로 실천하는 중이다. 내가 올린 글에 이웃들이 댓글을 달아주면 그들의 따뜻한 마음에 저절로 용기가 난다. 나는 2019년도에 500여 권의 책을 읽었다. 내가 읽은 책의 내용 중 일부분이라도 이웃들이 깨닫고 실천했으면 하는 바람에서 오늘도 나는 책의 내용을 요약해서 블로그에 올린다. 세계적인 연설가 지그 지글러는 "다른 사람들에게 그들이 원하는 것을 얻을 수 있도록 충분한 도움을 준다면 인생에서 당신이 원하는 모든 것을 얻을 수 있다."고 했다. 나는 지그 지글러의 말을 블로그에서 실천하고 있다.

형제들에게 나는 블로그 전도사다. 그들은 모두 50대 중반이다. 그들의 핸드폰에 블로그 앱을 깔아주고 글을 올리는 방법과

공개 옵션 등을 알려주었다. 자신의 인생 경험과 도움이 될 좋은 내용을 블로그에 올리면 이웃에게 선한 영향력을 줄 것이고, 그 선한 영향력이 자신에게 그대로 돌아오기 때문에 열심히 하라고 조언한다.

내 동생은 게으름을 치료하기 위해 네 가지를 실천하고 있다. 그 첫 번째는 집에 TV를 설치하지 않는 것이고, 두 번째는 취침하는 공간과 공부하는 공간은 확실히 분리한다는 것이다. 세 번째로는 불확실한 미래에 대한 불안감과 두려움을 해소시키고 힘과 용기를 주는 책을 66일 동안 읽고 있으며, 마지막 하나는 66일 동안 매일 1시간씩 운동을 한다.

얼마 전, 새로 이사한 동생 집에 다녀왔는데 집에 TV를 설치하지 않은 채로 생활하고 있었다. 대신 TV를 볼 시간에 가치 있는 일을 하는 것에 자신의 모든 시간을 사용하고 있었다. 이사한 집은 공부하는 공간과 취침하는 공간이 완전히 구분되어 있었다. 동생은 하루의 7시간을 공부하는 공간에서 보낸다고 했다. 좋은 습관을 만들기 위해 그 곳에서 무언가를 열심히 하는 것을 시작한 지 33일이 지났다고 했다. 이제 33일만 더 견디면 66일이 된다며 제법 뿌듯한 표정을 지어보였다. 그러면서 지금도 좋은 습관이 형성된 것 같은데, 66일이 되면 몸에 완전히 체득되어 무엇이든지 할 수 있을 것 같다고 강한 자신감을 내비쳤다. 나는 동생을 대단한 의지력의 소유자라고 칭찬했다.

동생은 나이 56이다. 그는 교과서를 제외하면 평생 읽은 책이 다섯 권도 안 된다. 그런 그가 최근 33일에 30권의 책을 읽었다. 성경의 잠언, 시편, 욥기, 마가복음, 요한복음을 읽은 후 힘과 용기를 얻었고, 성경 1독을 목표로 세웠다고 했다. 나는 성경 1독을 해본 적이 없어서 성경 중 쉽게 이해할 수 있고 힘과 용기, 지혜를 주는 구절을 몇 번이고 반복해서 읽으라고 조언했다.

그는 매일 운동을 1시간씩 33일째 실천하고 있다. 운동은 우리가 하루하루 살아가면서 받는 스트레스를 해소시켜주고 건강을 유지시켜 주기 때문에 인생에서 가장 중요하다는 것을 누구나 안다. 알면서도 게을러서 운동을 안 해 나이가 들면서 산모처럼 변해간다. 동생도 지금 임신 5개월이 된 산모처럼 배가 나왔다. 그가 하루 두 끼만 먹고 매일 1시간씩 걷는 모습을 보니 조만간 산모의 몸매에서 탈피할 것으로 보인다. 동생이 자신의 게으름을 치료하는 모습을 보고, 나는 그가 반드시 자신이 원하는 목표가 어떤 것이든 이룰 것이라는 확신을 가졌다.

블로그에 30일, 66일, 100일, 365일 계속해서 글을 올리는 블로거들이 있다. 그들도 사람인지라 하루쯤 쉬고 싶을 것이다. 그러나 그들은 자신이 스스로 한 약속을 지키기 위해 나태해질 때마다 자신을 바로 잡으려 부단히 노력하고 있을 것이다. 지금도 그들은 블로그를 통해서 게으름과 이별하고 자신이 좋아하고 가치 있는 새로운 삶을 개척하겠다는, 포기하지 않는 근성을 보여주고 있다. 응원한다.

누구나 66일 동안만 자신의 가슴을 뛰게 하는 작은 목표를 정하고 구체적인 계획을 수립하여 실천한다면 게으른 생각, 게으른 행동으로부터 충분히 벗어날 수 있다. 그러면 당신은 자신이 주인인 인생에서 자존감으로 똘똘 뭉친 주도적인 삶을 살게 될 것이다.

66일이면
성공자가 된다

. . .

"성공은 오랜 시간과 고독한 몰두,
그리고 종종 하찮아 보이는 일의 결과로 얻어진다.
처음부터 멋진 성공을 거두는 사람은 없다."

엘렌 스테인 주니어·존 스턴펠트, 『승리하는 습관』 중에서

우리를 성공자가 되게 하거나 실패자가 되게 하는 것은 주변 사람이나 환경이 아닌 바로 나 자신이다. 나를 이기는 순간, 승리자가 된다. 당신은 가슴 뛰는 목표 달성을 위해 66일 동안 노력한 적이 있는가? 목표가 너무 컸다면 목표를 쪼갠 작은 목표라도 달성한 적이 있는가? 많은 성공자들은 66일 동안 인내하고 버텨서 성공할 수 있는 초석을 다졌고, 66일 이후에는 관성의 힘으로 목표를 달성했다. 아리스토텔레스는 "시작이 반이다."라고 했다. 시작이 반이라는 것은 시작했으면 이미 50%는 달성했다는 것을 의미한다.

사업을 하는 사람이나 프로젝트를 추진하는 사람들은 시

작 전까지 고민을 하고 성공적으로 수행하기 위해 워 게임(War Game)을 한다. 상황이 구체화되지 않은 경우에는 가정을 설정하여 기획하고 계획을 구체적으로 작성한다. 군대에서는 전쟁계획을 수립할 때 여러 가지 계획 중에서 아군에게 가장 유리하고 적군에게 가장 불리한 계획을 최선의 방책으로 선정한다. 건설업체의 경우 가장 많은 이윤을 창출하고 안전하게 시공 가능한 프로젝트를 수주할 수 있는 계획이 최고의 계획이다. 수주한 프로젝트를 수행하는 과정에서도 계획 수정은 계속된다. 세상의 모든 일은 계획대로 되지 않는다. 주 단위, 월 단위로 계획을 수정하면서 원하는 목표를 달성해야 한다.

작심삼일이라는 한자어가 있다. 작심삼일은 하겠다고 마음먹은 계획을 3일간 실행하고, 4일 째부터는 흐지부지하다가 그만둔다는 말이다. 3일의 22배인 66일 동안 자신이 꿈꾸거나 계획한 목표를 버티면서 제대로 수행한다면 누구나 성공할 수 있다. 우리들 중 많은 사람이 마음먹은 계획을 3일도 채 지속하지 못한다. 3일의 22배 이상을 견딘 사람은 엄청난 의지력을 갖게 된다. 당신의 가슴이 시키는 목표 달성을 위해 3일의 22배인 66일을 참고 인내하고 버티어 보라. 당신은 성공자가 된다.

공자에게는 포기하지 않는 정신과 의지를 가진 여러 제자가 있다. 제자 안연은 목표가 정해지면 중단 없이 무소의 뿔처럼 나아갔다. 결코 중간에 주저앉거나 포기하지 않았다. 공자는 안연의 강인한 정신 자세를 높이 평가했다. 제자 자공은 운명을 받아들이지 않고 저항하며 자신의 운명을 개척해 나갔으며, 제자 자로는 공자의 제자 중에 가장 뛰어난 열정과 강한 실천의 소유자였다. 당신도 공자의 제자 안연, 자공, 자로처럼 포기하지 않고 운명을 개척하고 열정적으로 당신의 목표를 달성하기 위해 66일 동안 꾸준히 나아간다면 달성하지 못할 것이 없다.

TED 명강의에서도 성공의 열쇠는 IQ가 아닌 GRIT 즉, 포기하지 않는 정신이라고 강조했다. 고등학교 때 나의 IQ 검사결과는 검사 대상자의 평균정도였고 학과성적은 IQ에 비해서 아주 높다는 분석결과를 받았다. 이런 결과는 내가 머리가 좋은 것이 아니고 포기하지 않고 계속 노력했다는 것을 의미했다.

2019년 11월, 나는 국가자격검정 건축시공기술사 시험에 합격했다. 내 기준으로 나는 성공자가 되었다. 66일 동안 꾸준히 공부해 온 결과다.

난 성공자가 되기 위해 건축시공기술사 시험을 철저히 준비했다. 매일 12시간씩 논술과 약술 연습 답안지를 스톱워치를 보면서 10분에 A4 한 장을, 100분에 A4 10장에서 11장을 작성했다. 시험장에서는 400분에 걸쳐 시험을 보는데, 기본적으로 A4 40장이 되어야 채점자인 교수가 관심을 갖고 채점을 한다. 국가자격 시험 논술 및 약술 시험에 합격하기 위해서는 다른 수험생의 답안지와 차별화가 필수적이었다. 나는 답안지의 차별화를 위해 내 나름의 전략을 세워 실천했다.

그 첫 번째는 논술이나 약술 답안지에 그림이나 표를 그려 넣어서 교수를 설득하는 것이다. 글자만 잔뜩 쓰여 있는 보고서보다는 그림이나 표가 있으면 쉽게 이해할 수 있는 것처럼 교수도 수험생의 이해 및 지식 정도를 쉽게 확인할 수 있어 채점이 용이해지기 때문이다.

그 다음으로는 가장 핵심적인 내용 3~4개 항목을 본론의 맨 처음에 포함시키는 것이다. 한 명의 수험생 답안지를 채점하는데도 A4 40장에 가까운 분량을 읽어야 하는데, 1~2천여 명의 답안지를 읽다 보면 눈이 침침해져 글자도 잘 보이지 않을 거라 생각했다. 채점을 하는 교수들은 시간이 지나면서 에너지가 떨어지고 집중력도 저하될 것이 분명하다. 그래서 본론의 3~4개 항목의 논리적 전개를 보고 점수를 결정하는 경우가 생기기 마련이다. 이것은 책을 쓰는 작가들에게도 해당된다. 작가는 많은 독자가 자신의 책을 읽어주기를 바란다. 그렇게 하려면 책 제목, 서언, 목차, 소제목의 첫 몇 줄을 독자가 읽고 빠져 들어가도록 감동을 주거나 마력을 느낄 수 있도록 가독성 있게 써야 한다. 독자들도 채점하는 교수처럼 바쁘다. 빨리 책을 구매할지 말지를 결정하고 다른 일을 해야 하기 때문이다.

마지막으로 서론부나 결론부에 포함할 내용의 샘플 10여 개를 미리 작성해서 암기하여 시험장에서 그대로 써 내려갔다. 시험은 시간과의 싸움이다. 누가 정해진 시간 내에 경쟁자보다 교수가 원하는 답안을 논리적으로 더 잘 쓰느냐가 관건이다. 서론과 결론 부분 샘플은 자신의 지식 정도가 이 정도 수준이니 합격시켜주십시오 하는 내용으로 작성해야 한다. 10분 만에 A4 한 장을 써 보면 알겠지만 연애편지도 10분 만에 한 쪽을 쓰는 것이 쉽지 않다. 반복해서 답안 작성을 하는 방법밖에 없다. 나는 시험을 준비하면서 시험장과 유사한 환경을 만들었다. 그리고 66일 동안 하루도 빠지지 않고 400분씩 예상문제에 대한 답안을 작성하는 연습을 했다. 처음 일주일이 고비였으나 시험 전날까지 버티면 합격할 수 있다고 믿었고, 매일 확언을 했다. 시험 당일에는 매 시험시간 전에 초콜릿을 먹으면서 에너지가 바닥나지 않도록 몸 관리를 했다. 그 결과 2019년 11월, 난 58세의 나이에 건축시공기술사 국가기술자격시험 합격의 영광을 맛보았다.

경영 컨설턴트이자 강연가인 브라이언 트레이시는 "모든 성공과 실패의 95%를 특정한 자극에 대한 조건반사인 습관이 결정한다."고 했다. 가치 있는 일을 할 때 우리의 행동이 조건반사적으로 이루어지는 좋은 습관을 갖는다면 우리는 성공자가 된다. 귀찮고 힘든 것도 마다하지 않고 즐겁게 하는 좋은 습관을 길들여야 한다. 귀찮고 힘든 것을 피하기만 한다면 당신의 꿈과 희망을 이룰 기회는 영원히 사라진다. 성공자는 실패자들이 귀찮고 힘들다고 생각하는 일을 피하지 않고 부딪치며 묵묵히 해내서 성공할 수 있었다.

낙타는 지구력이 좋아서 물 없이 사막 320km를 횡단할 수 있다고 한다. 당신도 66일 동안 당신의 작은 목표를 달성하기 위해 중도에서 포기하지 않고 끝까지 해내면, 당신은 낙타보다 뛰어난 지구력을 갖게 될 것이고 인생의 성공자로 우뚝 설 것이다. 66일이면 누구나 성공자가 될 수 있다. 누구는 되고 누구는 안 되는 것은 세상에 없다.

66일만 하면
90% 성공이다

· · ·

"나는 지금 변화하고 있다.
가진 것이 없다고 할 수 있는 것까지 없는 건 아니다."

하마마 아마리, 『스물아홉 생일 1년 후 나는 죽기로 했다』 중에서

시작이 반이라는 말은 시작하면 50%를 달성한 것이나 다름없다는 뜻이다. 시작만 해도 50%를 달성하는 것인데, 66일 동안 목표 달성을 위해 노력했다면 당신은 90% 성공한 것이다. 아무리 사소한 목표도 66일 동안 꾸준히 한 사람은 그리 많지 않다. 66일만 당신의 꿈을 실현할 목표를 달성하기 위해 당신의 뇌를 잘 이용하라. 뇌를 잘 이용하면 아군 세로토닌과 증원군 도파민 호르몬이 당신의 성공을 도울 것이다.

66일만 하면 90% 성공인 이유가 있다. 66일은 당신에게 자신

감을 준다. 자신감은 어떤 일을 할 때 강력한 에너지를 제공한다. 이 강력한 에너지는 어떠한 문제도 해결할 수 있는 힘을 준다. 성공한 사람 모두가 이구동성으로 말하는 성공 비결 중 하나는 바로 자신감이다. 그들은 자신이 성공한다고 믿었기 때문에 성공했다. 66일을 잘 지켜낸다면 당신은 성공한 것이나 다름없다.

66일은 당신 최대의 적인 자신과의 싸움에서 자신을 이기게 한다. 당신 인생에서 당신의 성공을 가로막는 최대의 적은 다름 아닌 당신 자신이다. 당신도 인생에서 실패의 아픔을 경험한 적이 있을 것이다. 그것이 다른 사람 때문이었는가? 아니다. 바로 당신 때문이다. 자신의 게으른 두뇌 변연계를 이기지 못했기 때문이다. 동물의 뇌에 해당하는 변연계가 당신을 의지력이 약한 인간으로 만들었다. 하지만 66일은 자신과 싸움에서 당당히 이길 수 있게 해 주는 최소한의 시간이자 당신 뇌의 변연계가 당신에게 무릎 꿇는 날이다. 66일을 버틴다면, 그 다음날은 당신 인생의 진정한 주인으로 사는 첫날이 될 것이다. 당신이 목표하는 고지를 점령했다. 진심으로 축하한다.

66일은 당신을 계획파괴자가 아닌 계획실천자가 되게 만든다. 이제 당신은 어떤 계획이든지 실천하는 강력한 의지가 있는 사람이 되었다. 계획실천자는 자신의 능력과 상황에 따라 계획을 보완하거나 수정할 수 있다. 만약 계획한 목표가 간절히 원하는 목표가 아니라면 당신의 가슴을 뛰게 하는 목표로 바꿔라. 당신의 시간은 유한하므로 잘못 설정한 목표에 시간을 낭비해서는 안 된다.

66일은 성공을 위한 마중물이다. 마중물은 부동산 투자에서 종잣돈과 같다. 종잣돈이 있는 사람은 짧은 시간에 큰돈을 벌 수 있다. 종잣돈은 작은 목표의 달성과 같다. 작은 목표 달성이 모여서 큰 목표 달성이 된다. 당장 가슴이 시키는 목표를 계획하고 실행하길 바란다. 시작하기 전까지가 길뿐 시작하면 50% 달성이고, 66일이면 90% 성공이다. 머뭇거리지 마라. 남들이 하는 것은 당신도 할 수 있다. 신은 당신에게 엄청난 잠재력을 주었다.

농구 황제 마이클 조던은 "내가 용납할 수 없는 건 아무 도전도 하지 않는 것이다."고 했다. 그는 도전하는 것을 두려워하지 않아서 세계 최고의 선수가 되었다. 당신도 당신의 꿈을 이룰 목표를 향해 딱 한 발을 내딛는 도전을 한다면 50%의 성공을 한 것이다. 그리고 반환점인 66일을 견디면 90%의 성공이다. 도전하라. 그리고 66일을 견디어 내라. 새로운 길이 열린다.

인생을 바꾸는
습관을 갖기 위한 자세

인생 최대 꿈을 계획한다

꿈을 달성할 중간 목표를 만든다

중간 목표를 다시 나눈다

최소 목표를 수립하고 달성한다

최소 목표 달성기간을 66일로 정하라

66일 이후에 관성으로 꿈이 이루어진다

인생 최대
꿈을 계획한다

. . .

"당신이 진정 원하는 바가 무엇인지 깨달아라.
그때부터 당신은 나비를 쫓아다니는 일을 그만두고
금을 캐러 다니기 시작할 것이다."

윌리엄 몰턴 마스턴, 작가

『월든』의 저자 헨리 데이비드 소로는 "꿈들은 우리가 누구인지를 보여주는 기준이다."고 했다. 인생이란 길을 걸어가는 동안 우리는 계속해서 꿈을 꾼다. 꿈을 꾸는 것을 포기하면 존재의 이유가 우리에게 없어진다.

당신의 꿈은 무엇인가? 대통령, 장관, 국회의원, 장군, 목사, 신부, 스님, 작가, 강사, 군인, 공무원, 정치가, 법조인, 교수, 의사, 약사, 기술사, 건축사, 사업가, 가수, 배우, 운동선수, 직장인, 유튜버 중 어느 것인가? 당신의 가슴을 설레게 할 인생 최대 꿈을 구체화 하라.

꿈을 이룬 사람들은 종이 위에서 시작했다. 꿈을 이루기 위해 종이 위에 계획을 썼다. 그 계획을 실천하는 순간순간 몸은 다소 힘들더라도 그들의 마음은 평안했을 것이다.

인간이 다른 동물과 다른 것은 꿈을 계획하고 이룰 능력이 있다는 것이다. 인간을 제외한 그 어떤 동물들도 하루하루를 생각하며 살지 않는다. 그냥 사는 것이다. 동물 중에서 그래도 똑똑하다는 원숭이는 어떤가? 꿈을 이루기 위해 계획을 세우는 것을 보았는가? 인간은 꿈을 계획하고 이룰 수 있기 때문에 만물의 영장이다.

모든 인간은 꿈을 계획하고 실천할 수 있다. 하지만 나태하고 안주하고 싶은 마음이 자신을 지배하면서 계획하고 실천하는 것을 멀리 하게 된다. 이래도 한평생 저래도 한평생인데 굳이 힘들게 살 필요가 없다고 생각하는 사람이 우리 주변에 제법 많다. 다른 사람이 귀찮게 생각하고 힘들다고 하는 것을 해야 당신의 꿈을 이룰 수 있다. 캐나다의 전설적인 아이스하키 선수 그레츠기는 "겨누지 않고 쏘면 100% 빗나간다."고 했다. 지금 바로 당신의 꿈을 구체화하기 위한 계획을 세워라. 하루라도 빨리 꿈을 이룰 계획을 세워 당신의 에너지와 시간을 집중하여 올인하자. 그러면 당신을 도와줄 사람을 만나게 되고, 그들의 영향을 받아 부지불식간에 당신의 꿈을 하나하나 이루어 나갈 수 있다. 당신은 매 순간 최선을 다하고 방향성을 유지하면서 끝까지 견디면 된다. 이 책을 읽고 있는 당신도 이미 하나 이상의 꿈을 이루고 새로운 꿈을 향해 달려가고 있을지 모르겠다.

인생 최대 꿈을 계획하여 꿈을 이룬 사람은 역사상 매우 많다.

나폴레옹은 황제가 되어 유럽 전체를 통치하는 꿈을 꾸었다. 나폴레옹은 프랑스 육군 사관학교를 졸업한 후 포병장교로 임관했고, 27살에 육군소장이 되었다. 그는 역사와 전쟁사 관련 책을 읽는데 대부분의 시간을 투자했다. 전쟁 시 적군이 어디에서 공격해 오더라도 대응할 수 있도록 항상 워 게임을 했다. 그는 이집트 원정을 성공하고 러시아 원정의 길에 올랐으나 예상치 못한 혹한으로 실패를 맛봤다. 그는 영국과의 워털루 전투 패배로 세인트 헬라나 섬으로 유배되어 그곳에서 생을 마쳤으나, 그는 프랑스 황제가 되어 유럽 여러 국가를 정복하는 꿈을 이루었다.

칭기스칸은 아시아와 유럽을 포함한 대제국을 건설하는 꿈을 꾸었다. 칭기스칸은 어릴 때 아버지를 잃고 혼자서 모든 일을 해결했다. 그는 "집안이 나쁘다고 탓하지 마라. 나는 아홉 살 때 아버지를 잃고 마을에서 쫓겨났다. 가난하다고 말하지 마라. 나는 들쥐를 잡아먹으며 살아남았다. 작은 나라에서 태어났다고 말하지 마라. 내가 세계를 정복하는 데 동원한 몽골 병사는 적들의

100분의 1에 불과했다. 배운 게 없다고 탓하지 마라. 나는 내 이름도 쓸 줄 몰랐으나 남의 말에 귀 기울이면서 현명해지는 법을 배웠다. 너무 막막하다고, 그래서 포기해야겠다고 말하지 마라. 나는 목에 형틀을 쓰고도 탈출했고, 뺨에 화살을 맞고 죽었다 살아나기도 했다."고 말하며 주변의 환경과 상황보다는 자신의 의지와 실천, 노력이 얼마나 중요한 것인지를 강조했다. 평생을 전쟁터에서 보낸 칭기스칸은 "적은 밖에 있는 것이 아니라 내 안에 있다. 나를 극복하는 그 순간 나는 칸이 되었다."라는 교훈을 후세 사람들에게 남겼다. 고통이 크면 성공도 크다. 그는 죽을 고비를 수십 번 넘기면서 중앙아시아에서 남러시아에 이르는 대제국을 건설하는 꿈을 이루었다. 그가 전성기에 점령한 영토는 나폴레옹과 알렉산더 대왕이 점령한 영토를 합한 것보다 크다고 한다.

빌 게이츠는 10살 때부터 세계 모든 가정에 컴퓨터를 보급하는 꿈을 꾸었다. 어렸을 때부터 책을 즐겨 읽었던 그는 마을 도서관의 모든 책을 읽을 정도로 독서광이었다. 독서는 그의 꿈을 이루는 밑거름이 되어 주었고 어려운 상황에 처했을 때 현실에 굴복하지 않는 지혜를 알려주었다. 실제로 그는 그 어떤 어려운 상황이 닥쳐도 좌절하지 않고 헤쳐 나갔다. IBM사와 함께 마이크로소프트사를 만들어 그의 꿈을 이루기 위한 교두보를 확보했고, 마이크로소프트사를 만든 후 세계 모든 가정에 컴퓨터를 보급하는 꿈을 이루었다.

『해리포터』의 작가 조앤 롤링은 훌륭한 작가가 되는 꿈을 계획했다. 그는 책에서 손을 놓지 않은 책벌레였다. 그는 『해리포터』를 출간하기 위해 열두 곳의 출판사를 방문했지만 모두 거절당했다. 하지만 포기하지 않고 13번째 출판사의 문을 노크해 출간 계약을 따냈다. 그렇게 『해리포터』는 세상에 나오게 되었으며 3억 7천만 부가 판매되는 기염을 토했고, 60개국 언어로 번역되어 전 세계 독자들에게 사랑받는 대히트작이 되었다. 『해리포터』는 그를 성공자의 반열에 올려놓았다. 『해리포터』는 그가 읽었던 유럽 신화와 소설에서 그 아이디어를 얻었다. 조앤 롤링은 "책을 많이 읽고 항상 글을 쓰라."고 주문했다. 당신이 읽은 그 책에서 당신의 인생을 변화시켜 줄 무언가를 얻을 수 있을 것이다. 조앤 롤링 작가처럼 말이다.

강수진은 세계적인 발레리나가 되겠다는 꿈을 꾸었다. 그는 남이 자는 시간에 깨어 연습, 연습, 또 연습을 했고 마침내 슈투트가르트 발레단의 솔리스트가 되는 꿈을 이뤘다. 그는 하루 19시간 동안 연습하는 날도 많았다. 하루하루를 인생의 마지막 날처럼 최선을 다해서 발레를 했고, '최선을 다한 오늘이 모여 특별한 내일이 만들어진다.'고 믿었다. 그는 엄청난 양의 연습으로 뼈가 금이 가는 아픔을 겪었지만 포기하지 않고 이를 극복하기 위해 더욱 노력했다. 그는 자신의 유일한 경쟁자는 어제의 자신이라고 말한다. 그가 가장 듣고 싶은 말은 "보잘것없어 보이는 하루하루를 반복하며 대단한 것을 만들어 낸 사람"이라는 말이다. 그렇게 어제보다 더 나은 자신을 위해 끊임없이 노력해 왔고 그 결과는 찬란한 빛이 되어 돌아왔다. 2007년 그는 독일의 궁정무용가를 의미하는 '캄머탠처린'에 선정되는 영예도 안았다. 이것은 슈투트가르트 발레단의 역사상 단 4명만이 받았던 상이었다.

나의 꿈은 계속 변화하고 진화되고 있다. 육군사관학교를 졸업하고 장교로 임관된 후에는 장군이 되는 것이 나의 꿈이었다. 나보다 유능한 동기들이 많아서 장군이 되는 꿈을 접었지만, 또 다른 꿈을 가졌다. 그것은 번역 연구원, 건축시공기술사, 작가, 강사가 되는 것이었고 그 꿈을 계획했다. 2019~2020년에는 번역 연구원으로서 국방대학교와 육군교육사령부에서 발주한 미국과 영국 군사교범 10권을 번역했고, 2년 전 건축시공기술사 국가자격시험에 합격하여 지금은 건설사업관리단장 임무를 수행하며 관리·감독하고 있다. 주말에는 작가가 되기 위해 글을 쓴다. 작가가 되는 꿈을 이룬 후에는 새로운 꿈인 강사와 유튜버가 되기 위해 계속 전진할 것이다.

『톰소여의 모험』의 저자 마크 트웨인은 "지금으로부터 20년 후에, 당신은 당신이 한 일보다 하지 않았던 일들을 더욱 후회할 것이다. 그러니 뱃머리를 묶고 있는 밧줄을 풀어 던져라. 안전한 항구에서 벗어나 항해를 떠나라. 당신의 항해에 무역풍을 타라. 탐험하라. 꿈꿔라. 발견하라."고 했다. 당신도 안전한 항구를 벗어나 최대 꿈을 계획하고 실천하라. 당신이 가진 재능과 무한한 잠재력으로 그 꿈을 이룰 수 있을 것이다.

꿈을 달성할
중간 목표를 만든다

. . .

"우리 중 95% 사람은 자기 인생목표를 한 번도 글로 기록한 적이 없다.
5%의 기록한 사람은 95%가 목표를 달성했다."

존 맥스웰, 목사·작가

목표가 없는 인생은 태평양과 같은 망망대해에 표류하는 배와 같다. 목표가 있어야 인생에서 성공할 수 있다. 목표는 SMART하게 작성해야 한다. SMART는 Specific(구체적인), Measurable(측정 가능한), Ambitious(야심찬), Realistic(현실적인), Time-limited(마감시한이 있는)이다. SMART요소를 고려하여 당신의 꿈을 달성할 중간 목표를 종이에 기록하라. 그리고 당신의 열정과 의지력이 사라지지 않도록 눈에 잘 보이는 출입문, 화장실 거울에 부착하거나 스마트폰과 데스크톱 바탕화면에 설정하라.

에스티 로더는 세계적인 화장품 회사의 CEO가 되기 위한 그의 꿈을 이루기 위해 백화점에 자신의 화장품 가게를 입점하는 것을 중간 목표로 정했다. 그리고 그 중간 목표를 이루기 위해 매일 백화점으로 출근했다. 그는 백화점 외부의 한적한 공간에서 백화점 입점 후 자신의 종업원에게 교육하는 모습, 고객에게 자신의 화장품을 홍보하는 모습, 회계 서류를 검토하는 모습 등을 생생하게 스케치했다. 그리고 자신의 화장품 가게를 백화점에 입점하게 해 달라고 매주 백화점 CEO를 만나 설득했다. 백화점 CEO는 그의 열정과 정성에 감복하여 화장품 가게 입점을 허락했다. 그의 열정, 인내, 집념, 끈기, 믿음 등 높은 에너지 수준의 의식은 꿈을 이룰 중간 목표인 자신의 화장품 가게의 백화점 입점을 가능하게 했다.

고 박정희 대통령은 '국민들이 굶주리지 않고 잘 사는 나라'라는 꿈을 이루기 위해 경부고속도로와 조선소 건설을 중간 목표로 정했다. 이를 위해서는 독일, 영국, 미국 등 선진국으로부터 돈을 빌려와야 했다. 서독에 광부와 간호원을 파견하는 조건으로 돈을 빌릴 수 있었다. 그는 경부고속도로 건설을 직접 구상했다. 하지만 예산이 빠듯했기 때문에 부지 매수 전까지는 고속도로 노선을 철저히 비밀에 붙였다. 그리고 경부고속도로와 조선소 건설의 중간 목표를 달성하기 위해 전략적인 계획을 세워 실천했고 그 결과 그의 중간 목표 달성은 '한강의 기적'이라는 신화를 만들어 냈다. 세계 열강들과 어깨를 나란히 하는 선진국의 기틀을 마련한 것이다.

나는 군대에서 30년을 보냈다. 군대는 국민의 재산과 생명을 보호하기 위해 존재하며 전쟁 시에 그 빛을 발한다. 군대의 지휘관과 참모는 전쟁에 대비하여 적과 싸워 이길 수 있는 작전 계획을 수립한다. 작전 계획은 적의 중심을 무너뜨리는 것이 최종 목표이다. 적의 중심을 무너뜨리기 위해서는 적이 예측하지 못하는 주도면밀한 계획과 비밀 보장이 중요하다. 한국전쟁 당시에 인천 상륙작전 계획을 구상하고 추진한 맥아더 장군은 적의 중심을 무너뜨리기 위해 치밀한 계획을 수립하여 성공했다.

맥아더 장군은 북한군의 보급로를 차단하면 적의 중심을 한 번에 무너뜨릴 수 있을 것이라고 확신했다. 적의 보급로 차단은 인천 월미도로 미군이 상륙하여 서울을 점령하면 달성할 수 있었다. 그는 중간 목표를 인천 월미도에 미군을 상륙시키는 것으로 정했다. 대다수의 참모가 그의 계획을 반대했다. 인천 월미도는 조수간만의 차가 심해서 미군 상륙정의 상륙이 불가하다는 것이 그 이유였다. 그는 참모들의 말은 참고만 하고 자신의 의지대로 흔들림 없이 작전 계획을 구체화시킨 후, 적을 기만하면서 작전을 실시했다. 북한군과 중공군도 조수간만의 차가 심한 인천 월미도로 미군이 공격해 올 것이라고는 전혀 예측하지 못했다.

맥아더 장군은 적이 예측하지 못한 중간 목표를 확보함으로써 적의 보급로를 차단하여 북한군과 중공군의 중심을 무너뜨렸다. 적의 중심을 무너뜨린 연합군은 부산까지 후퇴하여 패배를 거듭하던 전쟁 상황을 역전시켰다. 모든 운동 경기에서 역전 승리가 짜릿한 것처럼, 연합군은 서울을 되찾고 압록강에서 두만강에 이르는 지역까지 진격해서 북한군과 중공군의 전투력을 약화시키며 승리의 기쁨을 누렸다.

미군의 인천 월미도 상륙작전 성공은 세계 속의 경제대국 한국 탄생의 기초 역할을 했다. 미군의 인천 월미도 상륙이라는 중간 목표가 없었다면 지금의 한국은 존재하지 않았을 것이고, 어쩌면 북한에 의해 통일되어 지금 북한 주민과 같은 삶을 살고 있었을지도 모를 일이다.

이와 같은 역사적 사실에 기초했을 때 중간 목표가 얼마나 중요한지 알 수 있다. 우리가 인생을 살면서 중간 목표를 잘못 선정하여 추진하면 돈, 에너지, 시간이 과도하게 낭비되어 파산을 경험할 수도 있고, 좌절하거나 포기하게 되고 우울증에 걸릴 수도 있다. 반면 중간 목표를 잘 선정하여 추진하면 당신의 꿈을 달성하는데 힘과 기운을 주고, 또 다른 중간 목표를 달성하게 하여 승리자가 되게 한다. 중간 목표는 주도면밀하고 구체적으로 계획하고 강인한 의지력으로 달성해야 한다.

캐나다의 크리스 해드필드는 국제우주정거장에서 우주비행사 임무를 수행하는 꿈을 꾸었다. 1969년 7월 20일 아폴로 11호가 달에 착륙했다. 닐 암스트롱이 달 표면에 첫 발을 내딛는 모습을 본 순간 그는 우주비행사가 되겠다는 마음을 먹었다고 한다. 그는 꿈을 이루기 위해 전투기 조종사가 되는 것을 중간 목표로 선정했다. 그는 캐나다 사관학교를 졸업하고 전투기 조종사가 되는 중간 목표를 이루었고, 1992년에 캐나다 우주국의 우주비행사로 선발되면서 그의 꿈은 날개를 달았다. 그는 세 번의 우주비행을 하였으며 지구 궤도를 수천 번 넘게 돌았고 2012년 12월부터 2013년 5월까지 국제우주정거장 캐나다 지휘관으로 우주에 머물렀다.

앤드류 매튜스는 "목표를 이루겠다는 각오가 얼마나 단단하고 절박한지 보기 위해 우주는 우리를 시험한다. 조금만 더 참고 견디면 된다."고 말했다. 우주는 어떤 것도 우리에게 거저 주지 않는다. 우리의 정성, 열정, 의지력, 지속성 등의 근성을 시험한 후 최종 목표 달성이라는 결과물을 준다.

최종 목표 완수를 위해 중간 목표를 만들고 달성하라. 중간 목표의 달성은 당신의 삶에 활력을 주고 할 수 있다는 자신감을 준다. 중간 목표를 이루고 싶은 당신 꿈의 발판이 되는 것으로 정하라. 당신이 원하는 무엇이나 될 수 있다. 두려워하지 말고 중간 목표를 당장 만들어라. 당신의 꿈을 이루어줄 중간 목표를!

중간 목표를
다시 나눈다

. . .

자신이 설정한 중간 목표가 66일 동안 달성하는 것이 힘들다
고 생각되면 쪼개야 한다. 달성하기가 어렵고 부담이 되는 중간
목표를 쪼개지 않고 계속 추진하다 보면 목표를 달성하기도 전에
포기하는 상황이 발생한다. 부담되는 중간 목표도 쪼개면 만만해
보이는 최소 목표로 바뀐다. 만만한 최소 목표를 66일 동안 달성
하기만 하면 다음에는 더 큰 목표를 달성할 수 있다. 세상에 모든
큰 일은 작은 일에서 시작되었다. 최소 목표라고 무시해서는 안
된다.

미국의 세계적인 화장품 회사 CEO 에스티 로더는 처음에 1인 기업가로 화장품을 집에서 직접 만들고 포장하여 내다 파는 것을 최소 목표로 정했다. 그는 이 최소 목표를 달성하고 살롱에 자신의 가게를 입점했다. 살롱에 입점 후 고객들의 반응이 좋아지자 백화점 입점을 중간 목표로 세웠다. 그가 최소 목표를 세우고 실행하지 않았다면 오늘날의 세계적 화장품 회사인 에스티 로더는 없을 것이다.

김연아 선수는 우리 국민 모두에게 기쁨을 안겨 준 피겨 여왕이다. 세계인이 인정하는 피겨 여왕이 탄생하게 된 것은 수많은 작은 노력과 인내의 결과이다. 피겨선수에게 중간 목표는 국가대표가 되는 것이다. 중간 목표인 국가대표가 되기 위해 중간 목표를 쪼개서 달성해야 한다. 중간 목표를 쪼갠 최소 목표는 여러 가지가 있겠지만 그중에 한 가지는 공중에서 3회전 이상 돌고 내려와서 완벽하게 착지하는 것일 것이다. 그는 얼마나 많은 3회전 점프를 했을까? 얼마나 많은 정신적·육체적 고통이 있었을까? 수많은 작은 노력들과 인내했던 순간순간들이 합쳐져 아무나 흉내 낼 수 없는 완벽한 연기를 보여주었고 세계인을 감동시켰다.

나는 아이스 스피드 스케이팅을 즐기는 동호회 회원이다. 태릉 국제스케이트장에서 피겨스케이팅 국가대표를 꿈꾸는 어린 꿈나무들이 공중회전 후 착지를 제대로 하지 못해 엉덩방아를 찧는 것을 수없이 보았다. 내가 넘어지는 것처럼 마음이 아팠다. 넘어져서 여기저기 아플텐데도 씩씩하게 일어나서 엉덩이에 묻은 얼음을 털고 코치의 지시에 따라 연습을 반복한다. 그 모습을 보고 어린 꿈나무들을 존경하는 사람이 되었다. 나이가 있는 나보다 더 정신적으로 강하다는 것을 느꼈다. 아이들은 코치의 지시대로 중간 목표를 쪼갠 작은 목표 중의 하나인 공중 3회전을 완벽하게 연기하기 위해 구슬땀을 흘렸다. 오늘도 나의 사전에 포기란 없다는 각오로 고통을 참고 조금씩 실력을 쌓아가는 어린 꿈나무들을 응원한다.

1994년 3월, 우리 중대는 상급부대로부터 음성 꽃동네 사랑의 연수원 부지조성 공사 임무를 부여받았다. 나는 중대원 100여 명과 함께 음성 꽃동네에 베이스캠프를 쳤다. 공사기간 8개월인 사랑의 연수원 부지조성은 세 개의 산 중에서 중앙에 위치한 산 하나를 잘라서 평평하게 만들고, 잘라낸 중앙 산에서 나온 돌덩어리와 흙은 좌우 측 계곡을 메워서 큰 부지를 만드는 것이었다.

나는 8개월 동안 산 하나를 자르는 것을 중간 목표로 정했다. 그 중간 목표는 한꺼번에 달성할 수가 없어 다시 중간 목표를 4개로 쪼갰다. 4개의 최소 목표는 산의 벌목 작업, 산의 정면 절토, 산의 좌측면 절토, 산의 우측면을 절토하는 것으로 구분해서 정했다. 4개의 최소 목표 달성을 위해 우리 중대가 보유한 병력과 차량, 장비를 적재적소에 배치하고 운용했다.

그리고 무엇보다 병사들의 안전사고 예방활동, 사기진작 활동, 충분한 휴식이 중요했다. 산 하나를 자르는 목표를 수행하는 과정에 병사들은 지겹고 힘들어서 나태해지게 쉬운데 이때 생명을 위협하는 안전사고가 발생하게 된다. 모든 인원이 자신과 다른 사람의 안전을 위해 노력해야만 안전사고를 예방할 수 있다. 차량과 장비 운전병은 졸음이 오면 충분한 휴식을 취한 후 임무를 수행했고, 유도병은 차량과 장비로부터 안전한 위치에서 차량과 장비를 서로 충돌하지 않도록 안내했다.

그렇게 15톤 덤프트럭 15대가 돌과 바위를 운반해서 계곡을 메우고, 또 메우기를 수천 번 반복한 끝에 계곡을 완전히 메웠다. 작은 것이 모여 큰 것을 이루는 진리를 깨닫게 되는 순간이었다. 우리 중대는 1994년 12월 사랑의 연수원 부지조성 공사의 중간 목표를 성공적으로 완료하였다.

모든 위대한 것은 작은 것에서 시작된다. 중간 목표를 쪼개서 달성 가능한 작은 목표를 만들고 이것을 이루기 위해 계속 실천하다 보면 중간 목표, 큰 목표, 그리고 꿈이 시간이 지나면서 자동적으로 이루어지게 된다.

대학입시를 준비하는 고등학생이라면 대학수학능력시험에서 좋은 점수를 받는 것이 중간 목표일 것이다. 수능에서 좋은 점수를 받기 위해서는 중간 목표를 쪼개서 국어, 영어, 수학 과목에서 성적을 잘 받는 계획을 세워야 한다. 공부에 관심이 없는 학생이라도 66일 동안만 국어, 영어, 수학 중요과목에서 70% 이상 출제 가능한 문제들 중 자신이 모르는 문제를 중점적으로 푼다면 성적이 향상되고 자신감이 붙는다. 명심할 것은 이해와 반복을 필히 해야 한다는 것이다. 이해를 하지 않고 외운 것은 기억이 하루도 가지 않고 이해는 했으나 반복하지 않은 공부는 수일 지나면 거의 기억이 나지 않는다. 우리의 뇌는 일정한 자극 즉 반복에 의해 단기기억에서 장기기억으로 넘어가도록 되어 있다. 공부한 내용이 장기기억으로 넘어가면 오랫동안 기억이 지속된다. 공부에 관심이 없는 학생도 66일만 국, 영, 수 중요과목의 70% 이상 출제 가능한 문제를 푸는 것을 반복하면 명문 대학 합격의 꿈도 이룰 수 있다. 66일 이후에는 관성의 힘으로 공부를 하게 될 것이다.

일명 스카이 대학(서울대, 고려대, 연세대)를 가고자 하는 사람은 해당 대학에 합격하는 것이 중간 목표다. 중간 목표를 쪼개 국어, 영어, 수학 과목에서 고득점을 받는 것을 작은 목표로 정하면 된다.

수능 국어 만점의 작은 목표를 달성하기 위해서는 유치원, 초등학교 때 많은 독서를 하는 것이 좋다. 독서를 통해 어휘력을 향상시키고 문장 이해 능력을 키워야 중학교에 가서 책을 읽는 시간을 줄여 그 시간에 다른 공부를 할 수 있다. 중학교 때에는 고등학교 1, 2학년 과정의 국어를 공부하며, 고등학교 때에는 고등학교 3학년 과정과 5~10개 출판사의 국어 문제를 풀어야 한다.

수능 수학 만점의 작은 목표를 달성하기 위한 위한 방법도 마찬가지다. 초등학교 때 중학교 1, 2학년 수학 문제를 풀고, 중학교 때는 고등학교 1, 2학년 수학 문제를 풀어야 한다. 고등학교 때에는 고등학교 3학년 과정과 5~10개 출판사의 문제를 풀어야 한다. 수학 문제의 질문 내용을 정확하게 이해하지 못하면, 수식을 세우지 못해 문제를 제대로 풀 수 없고 당연히 좋은 점수를 기대할 수도 없다. 독서를 많이 하면 수학문제를 풀 때 문제가 요구하는 내용에 대한 정확한 이해와 수식 세우기가 쉬워진다.

수능 영어 만점의 작은 목표 달성을 위한 방법도 크게 다르지 않다. 유치원 때 다양한 장르의 동화 영어 CD나 유튜브(영어 원음과 한글 자막이 있는)를 매일 1시간 이상 듣는 것이 좋다. 초등학교 때는 영어소설 CD나 유튜브 반복 듣기와 단어 및 숙어를 암기하고 중학교 1, 2학년 과정의 영어 공부를 완료하며, 중학교 때는 고등학교 단어와 숙어를 암기하고 고등학교 1, 2학년 전 과정의 영어 공부를 완료한다. 고등학교 때는 고등학교 3학년 과정을 공부하고 5~10개의 출판사의 문제집을 반복해서 풀어서 자신감을 유지하고 실력을 탄탄하게 해야 한다.

이와 같이 목표를 쪼개서 남보다 빨리 시작해서 지속적으로 실천 하면 누구나 스카이 대학에 갈 수 있다. 머리가 아무리 좋더라도 학생들이 게임시간을 스스로 통제하지 못하고, 문제를 제대로 이해하지 못하면 대입 수능시험에서 좋은 점수를 받지 못하는 경우가 많다. 독서를 통한 문장 이해 능력을 향상시키고 꾸준히 작은 목표를 달성해 가는 것만큼 확실한 방법은 없다.

대학수학능력시험을 준비하는 학생들은 '문제에 답이 있다.' 라는 말을 적잖이 들어봤을 것이다. 그렇다. 문제 안에 답이 있다. 하지만 문제를 많이 풀다 보면 똑같은 문제라고 착각하는 경우가 생긴다. 똑같은 문제라 할지라도 문제를 제대로 파악하여 답을 찾는다면 후회하지 않을 것이다. 당신이 100% 풀 수 있는 문제인데도 실수해서 틀리면 얼마나 안타까운가. 한 문제 때문에 학교가 달라지고 전공이 달라진다.

내가 육군대학에서 참모학 시험을 볼 때 문제를 제대로 읽지 않고, 시험공부를 하면서 풀었던 문제와 동일하다고 생각한 적이 있다. 자신감에 쌓여 한참 풀다가 데이터 값이 틀리다는 것을 시험 시작 30분이 지나서야 알았다. 데이터 값을 제대로 입력해서 다시 풀 시간이 없었다. 그날 시험을 망치고 자책을 했다. 이 한 과목 때문에 진급에 엄청난 영향을 주는 육군대학 성적이 수직 하강했다. 공부를 누구보다 열심히 하면 무슨 소용이 있는가. 시험 장에서 실수하면 돌이킬 수가 없다. 시험은 누가 실수를 덜 하느냐가 중요하다. 우리 속담에 '호랑이한테 물려가도 정신만 차리면 된다.'라는 말을 잘 생각해야 한다. 공무원 시험을 준비하는 사람이 잘 아는 한 문제를 제대로 읽지 않아 실수로 틀려서 1년을 더 공부해야 한다면 땅을 치고 통곡할 일이다. 정성을 다해 시험 준비했으면, 시험장에서는 긴장을 풀고 시험문제를 정확하게 읽고 이해하고 답을 찾는데 집중해야 한다. 문제를 건성으로 읽어서는 안 된다. 건성으로 문제를 읽으면 고생문이 더 크게 열린다. 짧은 인생, 고생할 시간을 줄여야 한다. 출제자의 의도를 제대로 파악해야 한다. 문제를 똑바로 읽고 통찰해야 한다.

당신이 원하는 것을 쟁취하기 위해서는 남보다 많은 노력을 해야 하고 남보다 먼저 시작해야 한다. 물론 먼저 시작했는데도 빠르게 추격해 오는 능력자도 있다. 자가용 타고 먼저 출발했는데 비행기 타고 쫓아오는 사람이 있다는 이야기다. 그래도 먼저 준비하고 먼저 시작해야 한다. 그래야 남보다 빨리 꿈을 이룰 수 있다.

작가가 되고자 하는 사람의 중간 목표는 책을 출간하는 것이고, 중간 목표를 쪼갠 최소 목표는 책 제목, 목차, 서문, 본문의 중요 내용을 작성한 출간 기획서를 출판사에 제출하는 것과 목차별 본문의 내용을 작성하는 것이다. 목차별 본문의 내용은 독자 입장에서 독자의 생각으로 독자가 공감하는 내용을 작성해야 한다. 독자의 생각으로 글을 쓰지 않고 독자가 공감하지 못하는 내용은 독자의 사랑을 받을 수 없다. 그리고 독자의 시간을 빼앗는 일명 '시간 도둑' 같은 책을 써서는 안 된다. 독자에게 지식과 지혜, 자신감, 용기, 기쁨, 깨달음을 주는 내용을 본문에 녹여 넣어야 한다.

책을 읽고 지식과 지혜를 얻기 위해 책 100권을 읽는 것을 중간 목표로 정한 사람은 중간 목표를 쪼갠 최소 목표를 한 달에 9권으로 정하면 된다. 매일 책 1/3권을 읽으면 중간 목표를 달성할 수 있다. 뇌가 부담을 느끼지 않고 실행하려 할 것이다.

건강을 위해 체중을 1년에 5kg 감량하는 것이 최종 목표라면 중간 목표를 월 0.4kg을 감량하는 것을 중간 목표로 정할 수 있다. 중간 목표를 쪼갠 최소 목표는 매일 13g을 빼면 달성할 수 있다. 하루에 13g의 살을 빼는 최소 목표를 달성하는 방법은 매일 밥 한 숟가락 줄이기, 군것질 안 하기, 잠자기 전 음식 먹지 않기, 음주량 줄이기, 출퇴근 시 걷기 등을 실천하면 된다.

당신이 뇌가 부담스러워하는 중간 목표도 쪼개면, 뇌가 만만하게 보는 작은 목표가 된다. 작은 목표를 달성하면서 뇌가 성취감을 느끼면 뇌에서 세로토닌, 도파민 같은 호르몬이 분비되어 다른 작은 목표를 달성하는 데 부담을 느끼지 않게 되며 어느 순간 중간 목표가 달성된다.

최소 목표를 수립하고
달성한다

· · ·

"천하의 어려운 일도 반드시 쉬운 일에서 시작하고,
천하의 대사도 반드시 작은 일에서 시작한다."

노자, 『도덕경』 중에서

1993년 2월 3일, 미국 공병학교 고등군사반 교육과정 졸업식이 있었다. 나는 미국 공병학교 고등군사반 과정에서 우수한 졸업생으로 선정되어 미국 공병학교장 표창장을 받았다. 우수한 졸업생으로 선정된 후, 나는 무엇이든지 잘 할 수 있다는 자신감이 생겼다. 그동안 보이지 않는 곳에서 힘들게 노력했던 순간들이 주마등처럼 지나갔다.

1992년, 미국 미주리 주에 있는 미국공병학교에서 고등군사반 전문과정을 처음 시작할 때 나는 영어로 과제물을 제출하는 것도 어려웠다. 조별로 전술적인 내용에 대해 영어로 토의하고 발표하는 것도 두려움이 앞섰다. 처음부터 이렇게 어려운데 졸업이나 할 수 있을까 하는 걱정이 들었다. 일상에서 사용되는 영어회화가 아닌 군사작전에 관련된 전문성이 필요한 내용의 과목이 전부였다. 설상가상으로 성적에 그대로 반영되는 체력측정이 한국군과 달랐다. 한국군의 경우 체력측정이 성적에 조금 반영되는 반면, 미군은 군인이 전쟁 임무수행을 수행하는데 체력이 중요하다고 생각하여 체력 점수 100%를 학과 점수에 반영했다. 체력 점수가 100점 만점에 70점 미만이면 학과 점수 평균이 90점이 넘어도 우수한 졸업생 표창장을 받을 수 없었다.

나는 우수한 졸업생이 되겠다는 최소 목표를 세웠다. 그러려면 어려운 상황을 헤쳐나갈 수 있는 자신감을 갖는 것이 무엇보다 중요했다. 매일 '나는 할 수 있다'고 확언을 하면서 의지를 다지고 나 자신을 응원했다. 말이 씨가 된다는 말을 나에게 적용했다. 우수한 졸업생이라는 열매를 거두기 위해 제대로 된 방법으로 성과가 나오도록 행동하고 실천했다. 취침시간, 밥 먹는 시간, 운동하는 시간 등 총 8시간을 제외한 나머지 16시간을 영어 공부와 전술 공부를 하는데 사용했다. 영어 공부와 전술 공부의 지름길은 반복하고 또 반복하는 것이라 생각하고 실천했다. 영어 듣기 능력 향상을 위해 도서관에서 영어 녹음이 된 소설 CD를 대여해서 듣고 또 들었다. 전술 공부를 위해서는 미군 교범을 처음부터 끝까지 휴일에도 쉬지 않고 읽고 또 읽었다. 반복해서 읽는 것 외에는 답이 없었다. 모르는 내용이 있으면 친한 미군 친구에게 전화를 하거나 직접 방문해서 물었다. '나는 미국 사람이 아니다. 내가 영어를 미군 장교보다 못하는 것은 당연하다. 미군 장교는 한국말을 한마디도 못하지 않은가? 내가 영어를 하는 것에 비하면….' 이렇게 나 자신을 다독이면서 거의 모든 시간을 영어 공부하는데 투자했다.

지속적인 반복은 의식적 기억을 무의식적 기억으로 저장한다. 단순한 공부 양보다 자극을 주는 빈도가 중요하다. 한 번에 많이 공부하는 것보다 자주 하는 것이 좋다. 장기 기억으로 넘어가기 위해 특정 호르몬 분비가 필요하다. 뇌가 흥미를 느끼고 정말 중요하다고 판단이 들어야 호르몬이 나온다. 그 판단을 들게 하는 것이 바로 빈번한 자극 즉, 반복이다.

체력 점수를 잘 받기 위해서 3.2km를 16분 내에 달리기, 윗몸 일으키기 2분에 120개, 팔굽혀펴기 2분에 120개를 목표로 하루도 빠지지 않고 반복했다. 이렇게 노력한 결과 공격, 방어 등 전 과목이 평균 91점을 획득해서 우수한 졸업생으로 선정되는 영광을 안았다.

내가 우수한 졸업생으로 선정된 다른 이유는 내가 속한 팀의 미국 장교들의 성품이 매우 좋아서 외국군 장교인 나를 아껴주고 배려해 주었기 때문이다. 시험 출제 확률이 높은 자료를 공유해 주었고 내가 이해하지 못한 전술적인 부분도 영어로 하나하나 설명해 주었다. 나의 영어 발음이 좀 틀려도 끝까지 나의 말을 경청해 주었고 그들의 귀에 거슬리는 발음은 기분 나쁘지 않게 교정해 주었다. 자상하게 가르쳐주는 팀원을 만난 것은 나의 인복이었다. 그들의 도움이 없었다면 한 쪽 구석에서 '왜 내가 미국 땅까지 와서 영어 때문에 스트레스 받나'하고 신세한탄만 했을지도 모른다. 미국 공병 고등군사반 과정을 마친 후 나는 '사람은 누구를 만나느냐에 따라 성공과 실패가 결정된다.'는 것을 새삼 느꼈다. 우리 팀의 미군 장교들은 아무데도 기댈 곳 없는 나에게 공부의 은인이었다.

미국의 미주리 주에 있는 미국 육군공병학교 인근에는 크로스 컨트리 달리기 코스가 있다. 산의 계곡과 능선을 연결해서 길을 만들었다. 계곡에서 능선을 향해 뛰어 올라갈 때는 하늘이 노랗게 보일 정도로 힘이 들었다. 미군 해병대 출신의 크리스 여군 대위는 이 코스를 엄청난 속도로 질주했다. 여군이라고 잘 달리지 못할 것이라고 생각한 것은 오산이었다. 따라가려고 하면 어느 사이 한참 앞에서 달리고 있었다. 그는 하루도 빠짐없이 크로스 컨추리 코스를 달린다고 했다. 그는 66일 동안 계속 달리는 목표를 세우고 계획을 실천하고 있다고 했다. 나도 크로스 컨트리 달리기 코스에서 밤마다 달리기 시작했다. 점점 체력이 강화되었고 3.2km 달리기 기록을 조금씩 단축시킬 수 있었다. 거기에 뇌의 기억력 향상과 정신적·육체적 스트레스까지 해소할 수 있었다.

'한강의 기적'으로 불리는 우리나라를 선진국의 대열에 들어서게 하는데 중추적인 역할을 한 고 박정희 대통령의 청년 시절 꿈은 장군이 되는 것이었다. 그는 장군이 되는 꿈을 이루기 위해 최소 목표를 장교가 되는 것에 두었다. 그는 장교가 되기 위해 만주군관학교와 일본 육군사관학교를 졸업했고, 해방 후에는 육군사관학교의 전신인 조선경비학교를 졸업하여 포병장교가 되어 최소 목표를 달성했다.

그는 만주군관학교와 일본 육사 재학 시 조선인이라는 인종차별과 질 나쁜 식사를 감수했다. 같은 사관생도라도 식사의 질은 일본, 중국, 조선인 순으로 차별되어 배식되었다. 그는 이런 인종차별과 불평등이 나라 잃은 설움이라 생각하고 공부를 열심히 하는 것만이 일본을 이길 수 있는 유일한 방법이라고 생각했다. 그래서 더욱 노력하여 일본 육사 졸업 시 졸업생 300명 중 3등을 했다.

전설적인 러시아의 발레리나 안나 파블로바는 "멈추지 말고 한 가지 목표에 매진하라. 그것이 성공의 비결이다."라고 했다. 그는 러시아황실 발레 학교 시절, 발레리나로서도 지나치게 마른 탓에 '빗자루'란 별명으로 불리며 놀림을 받아왔다. 힘있고 강한 동작을 추구했던 당시 러시아 발레에서 그녀는 모든 면에서 부족했다. 턴과 아웃, 회전을 할 때 러시아 발레에서 원하는 자세가 나오지 않았다. 거기에 유독 가녀린 발목은 그의 발레 생활을 가로막는 걸림돌이 되었다. 하지만 파블로바는 포기하지 않았다. 끊임없이 턴과 점프를 반복 연습하며 자신의 신체적 한계를 극복해 나갔다. 그렇게 그는 〈빈사의 백조〉로 화려하게 꿈을 이룰 날개를 폈고 평생 4,000회의 공연을 했다.

당신도 다르지 않다. 최소 목표 달성을 위해 포기하거나 좌절하지 않으면 반드시 이룰 수 있다.

미국의 인권운동가인 벤자민 메이스는 "인생의 비극은 목표를 달성하지 못하는 데 있는 것이 아니라 달성할 목표가 없는 데에 있다."라고 했다. 목표가 없는 인생은 비극과 같다는 것이다. 인생을 비극으로 만들지 않기 위해서는 최소 목표라도 수립해서 실천하라. 인생의 목표는 나 자신이 설정하는 것이다.

당신이 계획한 최소 목표는 당신이 할 수 있다고 생각하면 쉽게 달성할 수 있다. 최소 목표 달성은 당신의 재능보다 마음 자세에 더 영향을 받는다.

최소 목표 달성 기간을
66일로 정하라

· · ·

"굵은 기한이 있을 때 목표가 된다."

나폴레온 힐, 작가

당신의 가슴을 뛰게 하거나 가치 있는 최소 목표의 달성 기간을 66일로 정하라. 모든 사람의 처한 상황은 다르다. 어떤 사람은 66일 동안 최소 목표 달성을 위해 매일 1시간을 투자할 수 있는 사람, 2시간을 투자할 수 있는 사람, 혹은 3시간 이상을 투자할 수 있는 사람이 있을 것이다. 자신이 처한 상황에 맞춰서 최소 목표 달성 기간을 66일로 정하고 행동하라.

영화 속에서 주인공이 시한폭탄이 장착된 건물에서 타이머의 작동을 해체하는 것을 본 적이 있을 것이다. 관객은 1분 1초를 긴장으로 가슴 졸이면서 주인공이 이상 없이 타이머를 해체하여 폭탄이 터지지 않기를 간절히 바라고 또 바란다. 타이머에 입력된 시간이 지나면 폭탄이 폭발하여 주인공과 많은 사람이 죽을 것을 알기 때문에 집중한다.

당신도 마감일을 정하면 당신의 황금 같은 시간을 낭비 없이 온전히 목표를 달성 하는데 몰입하여 사용할 수 있고, 폭탄이 터지는 이상의 파괴력으로 목표를 달성할 수 있다. 일할 때 스톱워치를 사용하는 것을 습관화하면 몰입에 도움이 되고 집중력이 향상되어 시간을 절약할 수 있다. 마감일을 정한 후 당신이 멈추거나 주저앉지 않고 목표 달성을 위해 계속 전진한다면 당신은 성공에 한 걸음 더 다가갈 것이다. 당신의 꿈과 목표는 마감일을 정했을 때, 뇌가 목표를 빨리 이루도록 도파민과 같은 호르몬을 분비한다. 마감일을 정하면 당신은 꿈과 목표 달성을 위한 고통의 시간을 줄일 수 있고, 당신의 영혼이 떨리는 즐거운 일을 많이 할 수 있다.

책을 읽을 때 스톱워치를 30~50분으로 맞추고 수시로 보면서 집중하고, 30~50분 후에는 수고한 자신에게 보상하는 10분의 휴식시간을 갖는 것을 반복해 보라. 축구도 전반 45분, 15분 휴식, 후반 45분으로 규정되어 있고 학교 수업도 50분 공부, 10분 휴식, 50분 공부를 반복한다. 이것은 사람의 뇌는 50분 이상 집중하면 피로하여 집중력이 떨어지기 때문이다. 피로를 회복하기 위해 휴식시간을 반드시 가져야 한다. 당신의 영혼을 즐겁게 할 최소 목표가 있다면 마감일을 66일로 정하고 당장 실천하라.

　나는 1990년부터 1991년까지 미 2사단에서 카투사 파견대장 임무를 수행했다. 그때 영어능력 향상을 위해 66일 내에 미군 친구들이 말하는 내용의 70%을 알아듣는 것을 최소 목표로 정했다. 최소 목표 달성을 위해서 다음 몇 가지를 실천했다. 미군 참모회의에 100% 참석했고 AFKN 영어방송을 매일 2시간씩 들었다. 미군 도서관에서 영어로 녹음된 CD가 있는 소설책을 빌려서 매일 1시간씩 들었으며 미군 친구 사무실에 수시로 들러서 작전 계획 수립, 카투사 관련 문제점을 확인하고 정보를 교환했다. 그리고 미군 친구들과 사적인 모임을 주 1회 갖고 여행을 함께 다녔다. 나는 이 계획을 포기하지 않고 꾸준하게 실천하여 66일 만에 미군 친구들이 말하는 내용의 70% 정도를 알아들을 수 있게 되었다.

　2004년도 아프가니스탄에서 다산부대 정작과장으로 파병되어 임무를 수행할 때는 일과 후에 이집트, 이탈리아, 슬로바키아, 독일, 프랑스에서 온 외국 장교와 함께 미군 장교가 주관하는 영어 스터디 반에서 활동했다. 영어를 자신들의 모국어로 사용하지 않은 장교들이었기에 영어를 배우는 목적이 같았고 영어 수준도 별 차이가 없었다. 66일 동안만 영어반 활동을 하면서 영어능력을 향상시키겠다는 생각을 했다. 66일 이후 나의 영어 스피킹과

리스닝은 많이 발전했다. 그 덕에 미군과의 행사에서 통역 역할을 하곤 했다. 2010년도 아프가니스탄 오쉬노 부대 협조반장으로 파병되었을 때는 바그람 기지의 미군 식당에서 그들과 식사를 하며 나눴던 대화로 나의 영어능력을 업그레이드하였다.

2013년 나는 미군부대 군무원이 되기 위해 인터넷을 통해 미군부대 인사부서에 지원서를 10번 제출했다. 서류심사는 5번 통과했으나, 면접에서 5번 불합격했다. 간절하지 않아서 불합격했다. 미군부대는 한국군 부대보다 규정 준수 측면에서 엄격하다. 나는 한국군 부대에서 30여 년의 장교 생활을 했는데, 내가 미군 군무원이 된다면 미군의 통제를 받아야 하는 상황이 되는 것이다. 이 생각을 하니 미군 군무원이 나의 인생 2막의 직업으로는 썩 마음에 내키지 않았다.

미군부대에 군무원으로 근무하기 위해서는 1차 서류심사 통과, 2차 면접 합격이다. 미군부대 군무원 1차 서류심사 경쟁률이 50대 1, 100대 1인 경우도 있다. 2차 면접 경쟁률은 5대 1에서 8대 1이고 면접관은 지원 직급에 따라 계급이 다르다. 직급이 높으면 계급이 높은 사람이 면접관으로 들어온다. 한국말로 면접을 봐도 면접 대상자 각자가 작성한 시나리오를 완벽하게 암기하고 가는데, 나는 나에게 온 다섯 번의 면접 기회를 제대로 사전 준비도 하지 않은 채 면접을 봤다. 그렇게 난 다섯 번의 면접 기회를 그냥 날려 보냈다. 반드시 미군 군무원이 되겠다는 간절함이 있는 사람이 합격했다.

　미군 군무원의 면접은 영어 질문 내용을 제대로 듣고, 영어로 핵심만 정확하고 짧게 답변하는 것이 매우 중요하다. 면접관이 중요하게 생각하는 분야는 영어 리스닝과 스피킹 능력, 경험, 지식, 기술, 태도, 인성이다. 미군 군무원이 되기 위한 준비를 하면서 토익 점수를 내가 원하는 목표이상 유지한 것은 나에게는 큰 성과였다. 토익은 미국 사람과 의사소통에 문제가 없다고 해서 좋은 점수가 나오는 것이 아니다. 정해진 시간 내에 누가 더 정확한 답을 잘 고르느냐가 관건이다. 두뇌의 순간 기억능력이 나쁘면 열심히 해도 좋은 성적을 기대할 수 없다. 미군부대의 군무원이 되기 위해 토익 성적을 높이기 위해 66일 동안 영어 공부를 하는 계획을 세웠다. 처음 30일은 토익 출판사들의 문제집을 구입하여 잘 안 들리거나 이해가 안 되는 문제 위주로 공부를 했고, 30일부터 66일까지는 실전과 같은 상황을 조성하여 자체 시험을 매일 100분씩 5회 보는 것을 반복했다. 그리고 토익 정기 듣기 시험과 말하기 시험을 1년에 각각 열두 번 보았다.

　2015년 범죄예방환경설계(CPTED) 적용관련 연구용역을 국방부에서 수주했다. 계약일로부터 8개월 이내에 연구결과를 제출하는 것이었다. 이때 난 제안서라는 것을 처음 작성했다.

범죄예방환경설계 연구용역은 최초 66일이 연구용역 프로젝트의 질을 좌우한다는 생각으로 로드맵을 작성했다. 66일 내에 연구용역 프로젝트의 70%를 완성하는 계획을 수립했다. 연구과제 제목은 발주부서에서 이미 정했고, 나는 목차와 본문 내용을 작성하기 위해 군부대 및 민간시설의 범죄예방 환경디자인 적용현 실태와 문제점을 확인하고 전문가와 토의 후 솔루션을 고민했다. 20일 내에 자료수집, 목차작성, 본문 내용 20%작성을 완료했다. 40일 내에 추가 자료수집, 목차 보완, 본문 내용 50% 작성을 완료했다. 66일 만에 추가 자료수집, 목차 수정 및 보완, 본문 내용 70% 작성을 완료했다. 66일의 로드맵은 성공적으로 끝났고, 이후 프로젝트는 순탄하게 진행되었다. 계약일로부터 7개월 만에 발주처에 보고를 할 수 있었고, 발주처에서 보완을 요구하는 분야는 3개월의 추가 기간을 받아 보완한 후 용역 프로젝트를 완료하였다.

2016년, 나는 55세의 나이에 새로운 도전을 시작했다. 제2의 인생 최소 목표를 건축기사 국가자격시험에 합격에 두었다. 건축기사 국가자격시험 합격을 위해 66일 동안 매일 5시간씩 330시간을 집중적으로 공부하여 건축기사 국가자격시험에 합격했다. 나의 시험 합격은 시험 준비 시에는 몰입 공부와 이해한 내용 반복, 시험장에서는 문제별 시간 안배, 쉬운 문제부터 풀기 등의 결과였다. 국가자격시험 공부는 얼마나 오래 했느냐 보다 제대로, 효율적으로 하느냐가 당락을 좌우한다. 70% 이상 출제되었던 기출문제에 우선순위를 두고 촉을 세워 공부했고, 시사성 문제나 2~3년에 한 번 나왔던 문제는 우선순위에 두지 않고 시간이 나면 가볍게 보았다. 시험은 꼭 시험에 출제될 것만 공부해서 빨리 합격하는 것이 중요하다. 석사나 박사과정의 공부가 아니다.

건축기사시험에 합격하고 난 후 그동안 콜이 없던 회사에서 연락이 왔다. 자기 회사로 입사를 하면 연봉을 얼마 주겠다는 내용이었다. 많은 고민을 했다. 현재 직장에서 이직을 하면 급여는 1.5배를 더 받을 수 있으나 건축시공기술사 자격증이 없으면 건설사업관리 최고 책임자인 단장을 할 수가 없었다. 단장을 못하면 후배 단장의 지시를 받는 상황이 발생할 수 있어서 자존심이 허락하지 않았다. 그래서 나의 중간 목표인 건축시공기술사 합격 후에 이직하기로 결심했다.

건축기사 국가자격시험 공부를 할 때 나이 탓인지 66일 동안 매일 5시간씩 지속적으로 공부하는 것은 쉽지 않았다. 대학생이 2명인 가정에 재정 지원을 할 수 있는 사람은 나밖에 없었기 때문에 시험에 합격하여 급여를 더 주는 직장으로 이직하는 방법 외에는 대안이 없었다. 나에게는 건축기사시험이 건축시공기술사보다 어려웠다. 건축기사시험은 계산문제가 많은 반면 건축시공기술사 시험은 계산문제가 없어서 논리적으로 잘 작성하면 합격할

수 있기 때문이다. 계산문제는 답이 틀리면 영점이고 논술 문제
는 논리적으로 타당하면 기본점수를 받을 수 있다.

국가자격시험 합격은 물을 끓이는 것에 비유할 수 있다. 물은
100도에서 끓는다. 99도까지 아무리 열심히 했다 해도 1도를 못
올리고 쉬어 버리면 쉬는 기간에 따라 0도와 98도 사이에서 다시
끓이기 시작해야 한다. 0도까지 물의 온도가 내려간 상황처럼 공
부를 열심히 하다가 한동안 안 했다면 과거에 공부한 것은 시간과
에너지 낭비이다. 에빙하우스의 뇌 망각 주기를 활용하여 반복적
으로 두뇌에 자극을 주어 당신이 이해한 것을 단기기억 장치에서
장기기억 장치로 옮기는 노력을 해야 시간을 낭비하지 않은 효과
적인 공부가 된다.

2019년, 미국군과 영국군의 군사교범 번역 연구원으로 일할
때 건축 및 토목 구조공학 내용이 포함된 군사교범 550쪽 분량을
번역하는 프로젝트를 받은 적이 있다. 66일 동안에 번역을 완료
하는 것을 최소 목표로 정하고 매일 8쪽의 번역을 3시간에 완료
했다. 전문서적 번역은 그 업무를 계속하는 경우에는 쉬운데 다
른 직종으로 일을 옮겼을 때는 감각이 많이 떨어진다. 구글이나
파파고를 이용하기도 하지만 50%이상의 번역을 기대하기는 어
렵다. 전문분야의 경우는 그 분야에서 몸담았던 사람이 번역을
해야 한다. 그래야만 뜻이 제대로 전달되고 용어에 혼선이 생기

지 않는다. 전문분야에 종사하지 않은 일반인이 전문분야의 외국 원서를 번역하는 것은 쉽지 않다. 굳이 한다면 번역 후 감수를 받아서 보완해야 한다. 스스로 번역 기한을 66일로 정하자, 목표일 내에 완료해야겠다는 생각에 더 집중해서 번역을 할 수 있었고 번역물 제출일자보다 앞당겨서 발주부서에 제출했다.

중국 알리바바의 마윈 회장은 "모든 일에 데드라인(기한)을 정하라."고 했다. 그는 알리바바의 규모가 작을 때부터 규모가 커져서 알리바바 왕국이 될 때까지의 모든 목표 달성을 위해 목표 달성일을 정했다. 당신도 최소 목표에 기한을 정해서 실행에 옮긴다면 최대한 빠른 시간에 마윈처럼 꿈을 이룰 수 있을 것이다.

66일 이후에
관성으로 꿈이 이루어진다

· · ·

"비행기가 비행하는데 사용하는 연료의 80%를 활주로를 박차고
이륙할 때 사용한다. 이륙 후에는 20%의 연료로도 충분히
목적지까지 간다. 당신이 버텨온 66일은 활주로에서 비행기가
이륙하기 위해 사용한 연료 80%와 같다. "

한근태, 『일생에 한 번은 고수를 만나라』 중에서

66일은 당신 꿈의 실현을 위한 임계점이 될 것이다. 66일 이후 관성의 상태는 이륙한 비행기가 목적지를 향해서 날아가는 상태다. 비행기는 비행 항로를 벗어나지 않고 목표를 향해 날아가면 된다. 66일 이후에 당신은 관성의 힘으로 계속 나아가면 꿈을 이루게 된다. 관성의 상태에서는 힘과 노력이 적게 소요된다.

66일 이후에 관성으로 꿈이 이루어지는 이유는 무엇일까?

첫째, 임계점·임계기간에 도달하여 최소 에너지와 노력만 필

요하기 때문이다.

물은 99도가 아닌 100도에서 끓는다. 100도는 물의 임계점, 즉 임계온도이다. 물로 따지면 66일은 물이 끓는 온도 100도와 같은 임계기간이다. 당신의 습관이 관성의 힘으로 굴러가는 임계기간에 도달한 것이다. 임계기간 66일 이후의 관성의 힘은 최소 에너지와 노력으로 이번 목표와 다음 목표 달성을 매우 쉽게 만든다. 성공한 자가 또 다른 성공을 만들고, 부자가 더 많은 부를 창출하는 것도 임계기간 이후의 관성의 힘의 영향 때문이다.

둘째, 방향만 잃지 않으면 목표에 도달한다.

1차 목표의 90%를 달성한 후 당신이 목적지만 잃지 않는다면 1차 목표는 달성된 것이나 다름없다. 많은 성공자가 목표의 방향성을 강조하는 이유가 여기에 있다. 마지막 10%를 남겨두고 방향성이 없어지고, 필요한 최소한의 열정을 쏟지 못해 목표를 이루지 못하는 경우가 많기 때문이다. 목표하는 방향으로 계속 전진하라. 당신의 꿈이 당신에게 손짓하고 있다.

셋째, 세로토닌과 도파민이 추진력을 만든다.

등산하는 사람에게 산 정상이 얼마 남지 않은 9부 능선이 당신이 현재 달성한 90%이다. 산의 9부 능선에 도착한 사람이 하산하는 경우는 거의 없다. 긴급한 건강상의 문제가 아니면 정상을 향해 계속 걷는다. 그래야 지금까지 고생한 것이 수포가 되지 않기 때문이다. 당신의 아군 세로토닌과 증원군 도파민 분비는 목표의 90% 수준에서 최고조에 이른다.

넷째, 도미노 현상이 이루어질 좋은 습관이 만들어진다.

좋은 습관 하나는 좋은 습관 10개, 아니 100개 이상도 만든다. 작가들이 이구동성으로 하는 말이 있다. 최초 한 권의 책을 만들기 힘들지 두 번째, 세 번째, 열 번째 책을 출간하기는 쉽다고 한다. 그렇다. 최초로 자신을 이기면서 만든 좋은 습관 하나는 도미노 현상같이 당신의 많은 목표를 달성하게 한다.

나의 책 읽는 습관은 서점에서 책 반 권 읽는 것으로부터 시작되었다. 책 반 권이 500권이 되었고, 이후 책을 쓰는 작가가 되고 싶었다. 작가가 되기 위해 일일 3쪽의 글을 쓰는 중이다.

책 읽기를 통해서 건강의 중요성을 알게 되어 생활 속 운동을 실천하면서 체중을 한 달 만에 2킬로그램 줄였다. 스트레칭, 푸시업, 스피드 스케이팅, 인라인 스케이팅을 매일 즐기면서 스트레스 해소와 뇌 기억능력을 향상시키고 있다.

내가 자신 있다고 생각하는 영어는 출퇴근과 산책 시간에 공부한다. CNN, NBC, FOX 뉴스, 오디오 북을 영어 자막 없이 부담 갖지 않고 흘려듣는 것이 나의 공부법이다. 66일 동안 하루도 빠짐없이 가볍게 듣다 보니 어느 순간부터 우리말처럼 잘 들리게 됐다. 신기했다. 당신도 할 수 있다. 영어 공부 한 번에 끝장을 봐야겠다는 생각보다 오래 사귈 친구처럼 그렇게 친해져라. 부담 주면 친구 관계도 영어도 좋은 결과를 기대하기 어렵다. 뇌가 부담 갖지 않도록 조금씩 가랑비에 옷 젖듯이 하라. 우리말처럼 들릴 날이 온다. 사람마다 들리는 시기가 다르다. 그동안 노력한 것에 비례하기 때문이다. 지금 미국 방송국 뉴스 앵커나 오디오 북의 영어 원음이 잘 안 들린다면 계속해서 들으면서 친해지면 된다. 가볍게 시작하라. 욕심은 금물이다. 당신 차례가 곧 온다.

나쁜 습관을 버리고, 좋은 습관을 만들고, 습관을 바꾸는 것만으로도 우리는 인생을 바꿀 수 있다. 습관의 위력을 절대 무시해서는 안 된다. 좋은 습관은 우리가 상상도 하지 못하는 일을 할 수 있게 해 준다. 세계 제일의 부자도 습관이 만들었다.

다섯째, 동기부여가 된다.

90%의 목표달성은 당신에게 엄청난 동기부여가 된다. '나도 할 수 있구나.' '네가 이렇게 대단한 사람이었나'. '이렇게 하면 나의 꿈도 이룰 수 있겠구나.' 자존감이 향상되어 자부심이 생긴다. 용기가 솟는다. 자신감이 생긴다. 꿈과 목표 달성 제작소를 차려야겠다는 생각이 들게 한다.

나는 건축분야의 전문가가 되겠다는 꿈을 갖고 먼저 66일 동안 건축산업안전기사 국가자격 시험공부를 해서 합격했다. 건축산업안전기사 합격이 나에게 동기부여가 되어 건축기사 시험, 건축시공기술사 시험도 합격할 수 있었다.

더글라스 에버렛은 "꿈의 세계에서 사는 사람들이 있다. 그리고 꿈을 현실로 바꾸는 사람들이 있다."고 했다. 당신이 66일 동안 작은 목표 달성을 위해 버티어 내면 당신의 꿈은 관성의 힘으로 곧 현실이 된다. 좋은 습관이 꼬리를 물고 생기게 되고, 목표가 꼬리를 물고 달성될 것이며, 당신의 심장을 두근거리게 할 꿈이 달성된다. 이번 한 번만 자신을 이겨보라. 성공은 당신 앞에 성큼 다가온다.

3

언제까지 인생의
방관자로 살 것인가?

게으름에서 벗어나라

부모 탓 하지 마라

79억 명 중 유일한 존재다

나약한 자신을 이겨라

인생의 방관자로 살지 마라

게으름에서
벗어나라

· · ·

"부지런함은 생명의 길이요, 게으름은 죽음의 길이다.
부지런한 사람은 죽지 않지만 게으른 사람은 죽은 것과 마찬가지다."

『법구경』중에서

당신은 게으른 사람인가? 대부분의 사람은 게으르다. 부지런 해야 하는 환경을 만들지 못했기 때문에 나쁜 습관인 게으름이 만들어진 것이다. 게으름이란 행동이 느리고 움직이거나 일하기를 싫어하는 태도나 버릇을 말한다. 사람은 서있으면 앉고 싶고, 앉으면 눕고 싶어 한다. 우리의 뇌는 흥미가 유발되지 않는 따분하고 지겨운 것을 싫어한다. 책 읽기, 글쓰기, 운동은 빠른 시간에 재미가 나지 않는 것이다. 그래서 순간적인 재미를 주는 스마트폰이나 인터넷 게임, TV 드라마에 푹 빠져서 산다. 독서하는 사람이 갈수록 줄어드는 이유가 여기에 있다.

성경에 '게으른 자의 인생은 가시밭길'이라는 구절이 있다. 그렇다. 게으름은 사람들의 꿈을 실현하지 못하도록 방해한다. 당장은 재미있는 게임을 매일 하고 친구들과 술도 많이 마셔서 좋지만 시간이 지나면 후회를 한다. 그때 시간을 낭비하지 않고 독서, 공부, 운동, 책 쓰기, 업무능력 향상, 인간관계 형성, 취미활동 등을 했어야 했는데 하지 않았던 것을.

게으름 극복이 중요한 이유는 저축할 수도 없는 시간을 금같이 사용하여 꿈을 실현하게 하고, 영혼과 육체가 평안한 삶을 살 수 있게 한다. 그리고 인생 100년의 짧은 시간 속에서 벌어지는 진검승부의 장에서 승리자가 되게 한다.

TED강사 팀어반은 우리 뇌 속에는 합리적 의사결정자와 순간적 만족감 원숭이가 있다고 한다. 원숭이는 쉽고 재밌는 것만 찾다가 마감시간이 다가왔을 때 혼란괴물이 등장하면 괴물이 무서워 도망간다고 한다. 머릿속의 원숭이를 잘 통제하면 게으름에서 벗어날 수 있다. 우리의 머릿속 원숭이는 어렵고 힘든 것을 싫어하고 오랫동안 견디는 것을 질색으로 생각한다. 그러나 누구나 노력하면 자신의 뇌를 부지런하고 의지력이 강한 뇌로 바꿀 수 있다.

당신의 뇌가 게으름에서 벗어나게 하기 위해서는 먼저 당신의 꿈을 시각화해야 한다. 꿈을 시각화하기 위해서는 당신 꿈의 사진을 책상 앞, 컴퓨터와 휴대폰 바탕화면에서 항상 볼 수 있게 하라. 그리고 매일 당신 꿈의 사진을 보면서 확언하라. 그 다음 꿈을 이루기 위한 중간 목표를 계획하라. 중간 목표 계획은 A4 한 장으로 최대한 빨리 작성하라. 그리고 그 다음은 중간 목표를 다시 쪼개는 것이다. 쪼개면 목표가 가벼워져 뇌는 흥분하게 되며 할 수 있다는 생각을 하게 된다. 이렇게 목표가 만만해졌을 때 뇌가 게으름에서 벗어날 동력이 생긴다.

우리의 뇌는 구체적인 마감일인 목표 날짜를 정하면 더 활력이 넘친다. 쪼갠 작은 목표를 달성할 때마다 자신에게 보상하고 칭찬하고 격려하라. 자신에게 말을 건네라. 나는 내가 자랑스럽다고. 수고한 자신에게 선물을 사주라. 작은 목표 달성이 당신의 영혼이 떨리고 즐겁게 한다. 당신의 일상이 이렇게 반복되면 당신은 어느 순간 게으름의 옷을 벗었다는 느낌을 경험하게 된다.

게으름의 습관을 없애는 방법은 스트레칭 5분 하기, 팔굽혀펴기 7회, 달리기나 걷기 1,000m, 블로그에 글 한 개 올리기, 책 한 쪽 읽기, 0.5쪽 글쓰기, 친구 1명에게 소식 전하기, 단어 5개 외우기, 영어회화 30분 듣기, 한글 자막 있는 미국 영화 30분 보기, 미국 오디오북 30분 듣기, 사색 5분 하기, 기도 3분 하기 등 이 중 어느 것이라도 66일 동안 매일 실천하면 당신은 게으름과 자동적으로 이별할 수 있고 좋은 습관이 자연스럽게 형성될 것이다.

게으름과 이별하기 위해 에디슨, 일론 머스크, 빌 게이츠, 스티브 잡스, 워런 버핏과 같은 사람을 벤치마킹하라. 그리고 그들처럼 몰입하여 일을 하고 시간을 아끼면서 가치 있고 가슴 떨리는 목표를 조금씩 달성해 나가면서 끝까지 버티라. 성공이 당신을 기다리고 있다.

에디슨은 전구를 발명한 과학자다. 에디슨이 위대한 발명가가 되게 한 원동력은 그의 지칠 줄 모르는 노력이다. 그의 노력은 메모 노트와 특허에서 확인할 수 있다. 그의 메모 노트는 3,500여 권이고 특허는 1,093개다. 에디슨은 기록하는 좋은 습관과 포기하지 않는 집념, 끈기, 열정으로 성공한 사람이다.

일론 머스크는 자율 자동차 테슬라의 CEO로 일주일에 120시간을 일 하고 5분 단위로 시간관리를 하고 있다.

빌 게이츠는 세계의 모든 가정에 컴퓨터를 보급하겠다는 꿈을 어린 시절부터 갖고 엄청난 양의 독서와 끊임없는 노력으로 세계적인 부자가 되었다.

스티브 잡스는 우리의 생활이 휴대폰 속에서 이루어지는 데 지대한 공헌을 했다. 그는 56세의 나이로 생을 마감하기 전까지 하루하루를 인생의 마지막 날이라고 생각하면서 효율적으로 시간을 사용했다.

워런 버핏은 주식투자의 황제로 하루 대부분의 시간을 독서를 하면서 보낸다. 그는 순간순간에 집중하면서 1분 1초를 아껴 사용한다.

조선 선조 때 김득신은 머리가 좋지 않아 과거시험을 환갑 가까운 나이에 합격했다. 그는 머리가 좋지 않았지만 중간에 포기하지 않고 책을 손에서 놓지 않았다. 그렇게 과거 시험을 준비했고 마침내 합격의 문을 열었다. 그의 아버지 김치는 김득신에게 "학문의 성취가 늦는다고 성공하지 말란 법이 없다. 그저 읽고 또 읽으면 반드시 대문장가가 될 것이다. 그러니 공부를 게을리하지 마라."했고 김득신은 아버지의 말대로 공부를 게을리하지 않았다. 게으른 사람은 책을 읽지 않고 책을 읽지 않은 사람은 행동하지 않아 게으른 사람이 된다.

인간은 매 순간 무엇인가에 집중하지 않으면 불안, 걱정 등의 잡생각에 사로잡힌다. 이러한 잡생각은 정신을 피폐하게 하고 건강에 악영향을 주기도 한다.

나의 경우, 최대한 잡생각에 사로잡히지 않기 위해서 지금 1분 1초를 아껴야 한다고 나 자신을 다독인다. 잠자고 밥 먹고 휴식하는 시간을 제외한 모든 시간을 아껴 의미 있는 결과를 만들었을 때에는 항상 뿌듯함을 느낀다. 그에 반해 지나치게 드라마를 시청하거나 과도한 취침으로 돌려받을 수 없는 시간을 낭비했을 때 공허함을 느끼며 후회하고 반성한다.

나는 오늘도 1분 1초를 아끼는 의미 있는 삶을 살려고 노력하고 있다. 작가가 되기 위해 1일 3쪽의 글을 쓰고 있고 블로그에 주 5회 글을 올리고 있다. 글을 쓸 때 조용한 경음악 대신 CNN, NBC, FOX뉴스, 미국 오디오 북을 영어 원음으로 흘려듣고 있다. 미국 영어뉴스와 미국 오디오 북 흘려듣기는 습관이 되어서 이제 나에게 최상의 편안함을 준다. 황금보다 귀중한 시간을 게으름을 부리면서 낭비한 사람은 성공자가 될 수 없고 나이 들어서 더 고생한다. 게으름과 이별하고 시간을 아끼면서 꿈을 향해 한 발 한발 나아간 사람은 성공자의 위치에 우뚝 설 것이다.

세계적인 연설가 지그 지글러는 "행동하는 사람 2%가 행동하지 않는 사람 98%를 지배한다."고 했다. 행동하는 사람은 소수이다. 행동하는 소수의 사람들이 나머지 대부분의 사람을 지배한다는 것을 명심해야 한다. 행동하는 사람은 게으름에서 벗어난 사람들이다. 현재 당신이 게으름에서 벗어난 사람이라면 이미 당신은 98%의 사람을 지배하고 있는 것이다. 지배할 것인가 지배당할 것인가는 당신이 게으름을 지배하느냐 지배하지 못하느냐에 달려있다. 게으름에서 벗어나서 게으름을 지배하고 행동하지 않는 사람을 지배하라.

부모 탓
하지 마라

. . .

"사람들은 항상 자신의 현 위치를 자신의 환경 탓으로 돌린다.
나는 환경이라는 것을 믿지 않는다. 이 세상에서 성공한 사람들은
스스로 일어서서 자신이 원하는 환경을 찾은 사람들이다. 만약 그런
환경을 찾을 수 없다면, 그런 환경을 만든다."

조지 버나드 쇼, 극작가

　　많은 사람들이 현재 자신이 못 살고 못 배운 것을 부모 탓으로 생각한다. 부모는 우리를 이 세상의 빛을 보게 한 분들이라는 사실 하나만으로도 감사해야 할 대상이지, 탓해야 할 대상이 아니다. 세계 대다수의 성공자들은 부모를 탓하거나 원망하지 않았다. 실패자들은 실패의 책임을 자신에게 있다고 생각하지 않고 부모에게 그 책임을 전가하며 주변 환경을 탓하는 경우가 많다. 작가이자 사업가, 자산가인 김마담은 자신의 저서 『우주의 법칙』에서 "과거의 가난은 신이 자신을 축복하기 위해 주었고, 아버지의 술 주정은 현재의 자신이 있게 한 축제였다."고 말했다.

공자가 가장 아끼는 10명의 제자 중 한 명인 자하는 자식이 먼저 세상을 떠나자 슬픔을 참지 못해 매일 눈물로 하루를 보냈다. 결국 그는 시력을 완전히 잃었다. 이순신 장군도 아들 면의 전사 소식을 들었을 때 "천지가 깜깜하고 해조차도 빛이 변했구나. 슬프다. 내 아들아, 나를 버리고 어디로 갔느냐."면서 슬퍼했다. 이 세상의 모든 부모는 자신의 자식을 공자의 제자 자하나 이순신 장군처럼 사랑한다. 부모는 자식에게 좋은 옷을 입히고, 좋은 음식을 먹이고, 좋은 학원을 보내고, 좋은 집에 살게 하고, 많은 유산을 물려주고 싶어 한다. 당신도 부모가 되어 보라. 부모 마음을 이해하게 될 것이다.

당신이 부모 탓해서는 안 되는 이유는 다음과 같다.

첫째, 당신을 이 세상의 빛을 보게 하신 분이다. 우리 모두는 부모님의 은혜로 이 세상에 태어나 어둠을 밝히는 태양과 아름다운 대자연을 감상하고 우리가 관계 맺는 사람들과 사랑하고 존중하면서 행복하게 살아간다. 어버이 노래 "낳으실 때 괴로움 다 잊으시고 기르실 때 밤낮으로 애쓰는 마음. 진자리 마른자리 갈아 뉘시며, 손발이 다 닳도록 고생하셨네"를 들으며 가슴이 먹먹해진 경험이 있을 것이다. 그렇다. 이 세상의 모든 부모님은 우리를 이렇게 낳으시고 키우셨다. 이 자체만으로도 절대적으로 감사해야 할 존재이지 탓할 존재가 아니다.

1992년 6월 나는 아내와 함께 미국 유학길에 올랐다. 아내는 미국 미주리 주의 롤라에서 큰 애를 임신을 했는데 3개월 동안 입덧으로 밥도 거의 먹지 못하고 잠도 제대로 자지 못하면서 엄청난 고생을 했다. 옆에서 도움을 주지 못하고 지켜볼 수밖에 없어서 마음이 아팠다. 당시 기숙사 원룸에 아내와 나 두 사람이 생활했는데 아내는 입덧으로 밥 냄새를 가장 싫어했다. 나는 할 수 없이 원룸 화장실에서 밥을 지어서 먹었다. 그것이 아내를 도울 수 있는 유일한 방법이었다.

미국 링컨 대통령의 누나는 19살 나이에 아이를 낳다가 세상을 떠났다. 링컨 대통령은 청년 시절에 누나의 죽음으로 우울증에 걸릴 정도였다. 애를 낳고 출혈이 멈추지 않아 운명한 산모들이 많다. 내 아내도 작은 애를 낳을 때 제왕절개 수술을 하지 않았다면 어떻게 되었을지 모른다. 세상의 많은 어머니는 자신의 하나뿐인 생명의 위협을 받으면서 자신의 자녀가 이 세상의 빛을 보도록 기회를 주신 분이다. 감사해야 한다.

둘째, 당신의 아버지, 어머니도 부모가 된 것은 이번 생애에서 처음이다. 그래서 모든 것이 서툴다. 문제를 해결하는데 시간이 걸리기도 한다. 당신을 사랑하는 마음 하나로 세상의 어려움과 두려움을 헤쳐 나가고 있다. 어떤 부모는 좀 더 전략적으로 계획을 수립하고 실천해 부와 명예를 거머쥐기도 하고, 계획 없이 살았던 부모는 어려움을 겪기도 한다. 부와 명예를 쟁취한 부모든 중간 수준의 부모든 바닥 수준의 부모든 자녀인 당신은 말할 자격이 없다. 부모는 당신과 완전히 다른 독립된 인격체이기 때문이다. 당신의 부모님이 당신의 기대 수준에 맞지 않는다 해도 당신은 자신의 인생을 멋지게 살아가면 된다.

셋째, 당신의 부모도 매일 가족의 행복과 생계를 위해 힘든 인생을 살아내고 있다. 내가 초등학교 다닐 때 내 부모님은 가족의 생계를 위해 손발이 부르트도록 논과 밭에서 아침부터 저녁까지 하루도 빠짐없이 일하셨다. 그렇게 평생을 열심히 사셨으나 자식들의 사업 자금을 지원하시면서 모아두었던 재산은 조금씩 없어졌다. 우리 형제들이 아버님이 지원한 돈으로 잘 살았다면 정신적 스트레스가 없었을 것인데 기대하는 수준에 못 미치자 스트레스로 아버님께 치매가 찾아왔다. 치매를 앓고 있는 아버님을 내가 살고 있는 계룡대 군인 아파트에서 2주 동안 모셨는데 아내가 힘들다는 말을 계속했다. 18평 아파트에 아버님을 포함하여 다섯 식구가 살기도 힘들고, 아버님이 치매로 소변도 가리지 못하고, 집을 나가면 길을 잃고, 어려운 일이 한 두 가지가 아니라고 했다. 오늘의 내가 이 자리에 있도록 해주신 아버님인데…. 나의 형제 4남 1녀 중 치매인 아버님을 돌봐줄 사람이 없어서 가슴이 아파 눈물을 하염없이 흘렸다.

미국의 자선왕 카네기는 어린 시절 집이 가난하여 책을 살 돈이 없었다. 독서하는 것을 좋아한 카네기는 책을 많이 소장한 자산가의 집에서 책을 빌려 보았고, 주말에는 도서관에서 파묻혀 살다시피 했다. 세계의 부호가 된 카네기는 자신처럼 모든 사람이 책을 읽어서 각자의 꿈을 펼치기를 기대하면서 미국 각지에 2,500여 개의 도서관을 세웠다. 그는 자산가에게 책을 빌려다 볼 때조차도 가난한 부모를 원망 하지 않았다. 그는 책 속에서 부자가 되는 방법을 알았다. 카네기는 스티븐 호킹의 말처럼 "삶이 어렵게 보여도 거기에는 무엇인가 할 수 있는 일이 있고 성공할 게 있다."라고 생각했다. 책을 통해 지혜를 깨달은 사람은 부모의 가난에 대해 연연해하지 않는다. 그들은 자신의 무한한 가능성을 믿고, 꿈을 이루기 위해 실천하는 삶을 살기 때문이다.

일본 파나소닉 회사의 CEO인 마쓰시타 고노스케는 가난한 집에서 태어나 어린 나이에 힘들고 어려운 일을 하면서 지혜와 경험을 쌓았고, 허약한 몸은 꾸준한 운동으로 건강을 유지했다. 비록 초등학교도 제대로 못 나왔지만 세상 사람을 스승으로 생각하고 배워서 성공했다.

부모를 탓해서는 안 된다. 우리나라 부모는 세계 어느 나라 부모보다 자식을 위해 희생한다. 학교 보내고, 결혼 시키고, 집 장만하는데 자금을 지원한다. 대단한 부모다. 많은 부모는 노후를 빚

갚는데 보낸다. 돈을 유산으로 남기면 형제간에 싸움이 일어나기 쉽다. 왜 유산 분배가 불공평하냐고 말이다. 유산을 물려받는데 신경 쓰기보다 어떤 것이나 혼자서 할 수 있는 독립정신을 키워야 한다. 사자는 새끼를 낳으면 계곡 골짜기로 새끼를 밀어버리고 혼자 힘으로 계곡을 올라오는 새끼만을 키운다. 사자도 새끼 사자에게 홀로서기를 가르친다. 우리도 홀로서기를 가르치고 홀로 서야 한다.

C.A. 엘베시우스는 "부모의 사랑은 내려갈 뿐이고 올라가는 법이 없다. 즉 사랑이란 내리사랑이므로 자식에 대한 부모의 사랑은 자식의 부모에 대한 사랑을 능가 한다."고 했다. 부모사랑은 내리사랑이다. 당신의 부모는 당신이 세상 속에서 많은 고생을 하는 것을 원치 않는다. 당신이 뙤약볕 아래서 일하는 것을 원치 않아서 대학도 보내고 대학원도 보낸다. 당신이 편안하고 여유 있고 행복한 삶을 사는 모습을 보는 것이 부모의 소망이자 희망이다. 가장 큰 효도는 부모가 당신 걱정을 안 하도록 홀로서기를 해서 자신감 있게 살아가는 것이다. 홀로 서라. 인생사 고단한 순간이 지나면 곧 꽃길이다.

79억 명 중
유일한 존재다

· · ·

"능력이 아니라 목표가 없어 실패한다."

하우석, 『내 인생 5년 후』 중에서

　우리 각자는 신의 창조물 중에서 만물의 영장인 인간으로 79억 명 중 한 명이다. 나와 똑같은 유전자를 갖고, 똑같은 얼굴과 똑 같은 마음을 가지고, 똑같은 행동을 하는 사람은 지구상에 존재하지 않고 인류 역사상에도 없다. 사람이 많은 해수욕장, 기차역, 전철 속, 콘서트 장에서 당신과 같은 얼굴과 유전자를 가진 사람이 있는지 찾아보라. 찾을 수 없다. 수억 마리의 정자 중 한 마리가 난자를 만나 생명체가 형성되었다. 당신은 수억 대 1의 경쟁을 뚫고 이 세상에 나와 행복, 기쁨, 슬픔, 좌절, 용기, 깨달음 등의 다양한 감정을 느끼면서 한 번뿐인 인생을 살아가고 있는 것이다.

신은 한 치의 오차도 없이 인간의 유전자, 외모와 마음을 모두 다르게 만들었다. 신은 인간에게 몸, 영혼, 마음을 주었다. 당신이 무엇을 결정할 때 내면의 소리를 들은 적이 있는가? 잘못된 행동을 하라는 쪽과 바른 행동을 하라는 내면의 소리를. 바른 행동을 할 때 우리의 영혼은 편안하고 즐겁고 기쁘다. 잘못된 행동을 했을 때는 걱정과 불안감을 느끼게 된다. 신은 우리를 바른길로 가도록 항상 명령한다. 인간의 마음이 영혼의 소리에 귀를 기울이지 않아서 잘못된 길로 가는 것이다.

2,500년 전, 세계 역사상 가장 뛰어난 심리학자 부처에게 어떤 사람이 자신의 고충을 말했다. 그의 고민인즉슨 이렇다. 집에도, 일터에도 문제가 있어 잠도 못 자고 음식도 잘 먹지 못하고 항상 마음이 심란하다는 것이다. 그의 고충을 들은 부처는 그에게 간단하면서도 명료한 답변을 던진다. 당신의 마음이 심란한 것은 본인 자신에게 심란할 소지가 있다는 것이니 행복해지기 위해서, 무엇에도 흔들리지 않는 사람이 되기 위해서는 마음 훈련을 해야 한다 것이다.

우리의 마음이 원망이나 적개심, 악의를 갖고 있으면 우리 주변의 상황도 흐트러지게 되고 그로 인해 자신의 마음도 어지러워지며 우리의 주의력과 생명 에너지도 과거에 사로잡힌다. 과거에 얽매여있는 우리의 주의력과 에너지를 회복하기 위해서는 고민과 걱정, 두려움과 같은 부정적인 생각이 아닌 긍정적인 사고와 자신의 마음을 컨트롤하는 훈련이 필요하다. 마음이 편안하면 당신이 하는 일도 순탄하게 이루어진다.

정약용도 부처처럼 우리의 마음을 갈고 닦아 정신과 영혼이 평안한 바른 삶을 살아야 한다고 『수오재기』에서 강조했다.

"천하 만물 가운데 지킬 것은 하나도 없지만, 오직 나만은 지켜야 한다. 내 밭을 지고 달아날 자가 있는가? 밭은 지킬 필요가 없다. 내 집을 지고 달아날 자가 있는가? 집도 지킬 필요가 없다.

그런데 오직 나라는 것만은 잘 달아나서, 드나드는 데 일정한 법칙이 없다. 아주 친밀하게 붙어 있어서 서로 배반하지 못할 것 같다가도 잠시 살피지 않으면 어디든지 못 가는 곳이 없다.

이익으로 꾀면 떠나가고 위험과 재앙이 겁을 주어도 떠나간다. 마음을 울리는 아름다운 음악 소리만 들어도 떠나가며 눈썹이 새까맣고 이가 하얀 미인의 요염한 모습만 보아도 떠나간다.

한 번 가면 돌아올 줄을 몰라서 붙잡아 만류할 수가 없다. 그러니 천하에 나보다 더 잃어버리기 쉬운 것은 없다. 어찌 실과 끈으로 묶고 빗장과 자물쇠로 잠가서 나를 굳게 지키지 않겠는가?"

'인간은 만물의 영장'이라는 말이 그냥 만들어진 것이 아니다.

인간만이 영혼을 가지고 있고 무한한 잠재능력을 가지고 있기 때문이다. 잠재능력은 우리가 상상하는 것을 현실로 이루어지게 했다. 원시시대 이후 인간은 신이 준 능력을 이용하여 불, 총, 전기, 증기기관차, 원자폭탄, 컴퓨터, 비행기, 인공위성, 휴대폰, 로봇, 인공심장 등 수많은 발명품을 만들었다. 뉴턴의 만유인력의 법칙, 아인슈타인의 상대성 이론과 양자역학 등은 자연의 법칙 안에서 인간이 알아내어 이론으로 정립한 것이다.

우리 모두는 무에서 유를 만들어 왔고 만들어 낼 수 있다. 그래서 누구는 되고 누구는 안 되는 것도 없다. 자신의 목표를 이루기 위해 노력하고 행동하면 된다. 당신의 행동력이 당신을 성공자가 되게 한다. 인도의 타고르는 "바다는 바라보는 것만으로 건널 수 없다."라고 했다. 이 말은 당신이 행동하지 않으면 목표를 달성할 수 없다는 것을 뜻한다. 에디슨, 퀴리 부인, 일론 머스크, 빌 게이츠, 스티브 잡스 등은 자신들이 꿈꾸는 것을 이루기 위해 자신의 두뇌와 잠재능력을 최대한 이용했고 끊임없이 노력했다. 누구나 꾸준히 노력하고 버티어 내면 원하는 모든 것을 이룰 수 있다.

미래에 대한 불안감을 느끼는 동물은 인간이 유일하다. 불확실한 미래에 대비하기 위해 인간은 미래에 발생할 것을 지금 이 순간 고민하고 분석하고 대책을 만들고 있다. 이러한 노력들이

비행기, 인터넷, 컴퓨터, 로봇 등 많은 발명품을 만들어냈다. 그 덕에 우리는 세계 어디든 자유롭게 여행할 수 있고, 사고 싶은 것을 어느 곳에서나 살 수 있다.

모든 인간은 창의적인 신체를 가지고 있다. 우리는 이 창의적인 신체를 이용해 서로에게 감동을 주는 것들을 창조할 수 있다. 섬세하고 우아한 모습으로 삶을 담아내는 발레리나, 아름다운 퍼포먼스로 세계인을 열광시키는 피겨스케이팅 선수, 화려한 개인기를 보여주는 축구 선수, 뛰어난 가창력으로 청중을 감동시키는 가수, 세계기록을 경신해서 사람들을 흥분케 하는 올림픽 금메달리스트, 철인 3종 경기로 인간의 한계를 극복하는 선수들이 그렇다.

마리 퀴리 부인은 "인생은 누구에게도 편안하지 않지만 그런 것은 아무 문제가 되지 않는다. 인내와 자신감을 가질 필요가 있다. 우리는 저마다 나름대로의 재능을 지니고 있다는 것, 그리고 어떠한 희생을 치를지라도 도달하지 않아서는 안 될 목표가 존재한다는 사실을 명심해야 한다."고 말했다. 그렇다. 우리 모두는 각각 다른 재능을 가지고 있다. 어떤 희생에도 굴복하지 않고 목표 달성을 위해 노력하면 무엇이든 이룰 수 있다. 도전해야 한다. 도전하면 50%의 성공 확률이 있으나, 도전하지 않으면 성공할 확률은 제로다. 미국 건국의 아버지라 불리는 벤자민 프랭클린은 "너의 재능을 숨기지 마라. 재능은 쓰라고 있는 것이다."라고 했다. 땅속의 보물은 소용없다. 파내서 사용해야 한다. 재능도 이와 같다. 찾으려 노력해야 하고 깊이 묻혀 있으면 파내는 노력을 해야 한다. 그리고 찾았으면 갈고닦아서 그 분야의 고수가 되어야 한다. 뛰어난 재능도 절차탁마하지 않으면 쓸모가 없다.

우리 개개인은 지구상에서 79억 명 중 유일한 유전자를 갖고 있다. 각자의 재능과 잠재력을 개발하고 이용해야 한다. 자신감이라는 긍정의 에너지를 몸과 정신에 충전하여 나아가면 우리가 꿈꾸는 어떤 것이라도 달성할 수 있다. 당신은 할 수 있다. 자신감으로 무장하고 행동하라.

나약한 자신을
이겨라

· · ·

"삶에서든 사업에서든 당신은 다른 누구와 경쟁하는 것이 아니다.
늘 자신과 경쟁하는 것이다."

앨런 스테인 주니어, 스포츠·비즈니스 코칭 전문가

임진왜란에서 조선을 구한 충무공 이순신은 전투에서 절대 물러서지 않는 용맹한 장군이자 치밀한 전략가이며 전술가이다. 하지만 이순신 장군도 태어나면서부터 용감하고 완전한 사람은 아니었다. 그 역시 불완전하고 연약한 존재였다. 『난중일기』에 따르면 그는 전쟁터에서 몸이 아파 괴로워했고 위장병이 심해 위장약을 달고 다녔다고 한다. 『난중일기』에 한탄, 죽음 등의 단어가 많이 나오는 건 그만큼 정신적·육체적으로 힘들어했음을 짐작케 한다. 하지만 그는 자신의 건강과 정신적 문제를 굳건한 의지력으로 이겨냈다. 12척의 배로 적선 133척과 전투하는 상황에서도 "죽으려 하면 살고 살려고 하면 죽는다."는 말로 부하의 사기를 높이고 자신의 나약함을 이겨냈고 승리했다. 그렇다. 죽기를 각오하고 열심히 하면 나약함은 우리의 의식에서 사라진다.

　레오나르도 다빈치는 열등감 덩어리라고 할 만큼 강한 열등감을 가졌던 인물이다. 사생아로 태어난 레오나르도는 출생 신분으로 인해 라틴어 학교에 들어가지 못하고 '주산 학교'라는 곳에서 상업에 필요한 수학을 조금 배운 게 전부였다. 제대로 된 정식 교육을 받지 못한 그는 자신을 '무학자'라고 낮춰서 부를 만큼 학식에 대한 열등의식을 지니고 있었다. 하지만 레오나르도는 열등감을 극복하기 위해 치열한 노력을 했다. 남들이 쉬는 시간에도 쉬지 않고 1분 1초를 아껴가며 묵묵히 노력하며 다양한 지식을 습득했다. 그 결과 화가, 건축가, 발명가, 해부학자 등으로 활동하며 40년 동안 8,000장 분량의 노트를 작성했다. 이 노트에는 해부학을 비롯하여 천문학, 과학에 이르기까지 다양한 아이디어가 가득했다. 평소 메모하는 습관을 가졌던 레오나르도는 자신이 보고, 느끼고, 생각했던 것을 노트에 모두 기록해왔던 것이다. 그렇게 그의 위대한 예술 작품들이 탄생했다. 레오나르도의 아이디어가 기록된 이 노트는 세계에서 가장 비싼 값으로 경매되었으며 현재 빌 게이츠가 소장하고 있다. 레오나르도의 열등감은 그의 성공과 명예를 일궈냈다. 그는 어떤 일이든 한 번 시작하면 끝까지 해내는 근성을 갖고 있었다. 레오나르도와 같이 열등감에 얽매이지 않고 무엇이든 끝까지 해내는 근성과 끈기를 갖고 도전하고 노력한다면 우리도 우리의 가슴을 뛰게 하는 꿈과 목표를 달성할 수 있다.

영국 수상 처칠은 포기할 줄 모르는 집념 때문에 수상의 자리에 오를 수 있었다. 그는 어렸을 때 말을 더듬었고 집중력이 약했다. 만약 당신이 말을 더듬고 집중력이 약하다고 가정해 보자. 어쩌면 당신은 이런 신체적 약점으로 '나는 안돼', '내가 어떻게?'라며 좌절하거나 도전을 해보기 전에 포기를 먼저 택할지도 모른다. 당신은 이 신체적 약점을 어떻게 극복할 것인가. 나약한 자신을 어떻게 이겨낼 것인가. 처칠은 책을 소리 내어 반복해서 읽음으로써 말을 더듬는 것을 극복했다. 물론 처칠도 처음에는 쉽지 않았을 것이다. 책을 소리 내서 읽는다고 한 번에 고쳐지는 것이 아니니 말이다. 하지만 그는 포기하지 않았다. 매일 반복해서 책을 읽으면서 조금씩 말 더듬는 습관을 고쳐나갔으며, 자연스럽게 집중력도 향상됐다. 영국 육군사관학교에 두 번 떨어진 후에도 포기하지 않고 노력하여 세 번째에 합격했고, 전쟁 시 포로가 된 후에는 수용소에서 탈출하여 자유를 찾았다. 처칠은 크고 작은 많은 어려움을 잘 극복하여 영국 수상의 자리까지 올랐다.

미국의 루스벨트 대통령은 39세에 소아마비 진단을 받았다. 그에게 소아마비 진단은 청천벽력이었다. 그의 정치인생은 희망이 절망으로 바뀌었다. 그는 하반신 마비라는 영구적 장애를 갖게 되면서 휠체어에 의존하며 살아야 했고 사람들로부터 장애에 대한 차별과 편견의 시선을 받아야 했다. 물론 그의 정치생명에도 빨간불이 켜졌다. 처음 소아마비 진단을 받았을 때, 그는 절망에 가득차 방에 틀어박혀 아무 것도 하지 않았다. 그리고 왜 괴롭지 않았을까. 하지만 그는 장애에 굴복하지 않았다. 몇 년에 걸쳐 꾸준히 재활치료를 하며 장애를 극복하기 위해 노력했고, 사람들의 부축 없이 겨우 걸을 정도가 되었을 때, 다시 정계로 복귀할 수 있었다. 그에게 장애는 단지 몸이 조금 불편한 것이었을 뿐, 그의 의지는 흔들림이 없었다. 그렇게 그는 소아마비의 장애를 정신력으로 이겨내어 대통령에 당선되었고, 미국 역사상 최초로 12년간 대통령 직을 지냈다. 그는 뉴딜 정책으로 세계 대공황을 극복하여 미국 경제를 회복시켰고 제2차 세계대전을 승리로 이끌었다. 그는 "인간은 운명의 포로가 아니라 단지 자기 마음의 포로일 뿐이다."고 말했다. 우리가 항상 긍정의 마음을 갖고 자신감으로 무장하여 세상에서 투쟁하면 승리할 수 있다는 것을 의미한다.

삼성경제연구소에서 집필한 『일, 시간, 성과』란 책에 의하면 중국 최고 부자 마윈 회장은 특출나게 공부를 잘하지도 못하고 하버드대학교를 10번 불합격했고, 30개 기업에 지원을 했으나 모두 낙방하였다고 한다. 그가 사업가로 성공하기 전 그의 인생은 암울했다. 하지만 아무리 암울한 인생이라도 조금씩 빛이 들어오고 나아지기 마련이다. 포기하지 않고 계속 버티면서 나아가면 반드시 꿈을 이룬다는 그의 믿음, 열정, 집념은 온라인 상거래 업체 알리바바 왕국을 만드는 최고의 씨앗이 되었다. "오늘이 비참하고 내일은 더욱 비참할지라도 모레는 반드시 찬란한 날이 온다. 다만 많은 이들이 내일 밤에 포기해버려 모레의 태양을 보지 못할 뿐이다."라는 그의 말처럼, 그것이 인생이다. 지금 어렵고 힘들다고 포기하지 말고 극복하기 위해 노력하라. 더 나은 미래가 당신을 기다리고 있다.

헬렌 켈러는 작가, 사회복지 사업가로 활동했다. 그는 태어난 지 1년 7개월 만에 뇌척수막염 병에 걸려 시력과 청력을 잃었다. 그는 시력, 청력을 잃었지만 삶을 포기하지 않고 자신의 한계를 뛰어넘어 자신과 비슷한 처지에 있는 장애인에게 도움을 주는 삶을 살았다. 그는 자신의 장애를 내면의 아름다움으로 이겨냈고, 세계의 장애인들에게 꿈과 희망을 심어 주어 세계인이 존경하는 위인이 되었다. 그는 시력과 청력이 없어도 나약하지 않았고, 마음으로 빛과 희망을 보았고, 자신을 이기는 삶을 살았다. 시력과 청력이 정상인 우리는 당연히 나약해서는 안 되고 우리 자신을 이기는 삶을 살아야 한다.

미국 메이저리그의 전설적인 선수 제임스 앤서니 애버트는 오른팔에 장애가 있는 선수다. 그는 야구를 할 때 자신의 오른팔을 보지 않고 꿈을 보았다. 그는 "모든 희망이 없어질 때까지 불가능한 일은 없다고 생각했고, 장애는 목표를 이루기 위한 하나의 관문에 지나지 않는다."고 했다. 그의 장애와 현실의 시선을 의식하지 않은 담대한 행동력은 꿈을 이루게 했다. 그는 자신이 장애를 갖고 있지만 자신에게 엄청난 능력이 있다는 것을 믿었다.

우리 모두는 각자의 인생에서 실패와 성공을 경험한다. 나는 기술사 시험에 일곱 번 불합격했다. 불합격할 때마다 자신감이 없어지고 자존감은 땅바닥으로 떨어졌다. 불합격 원인은 교수님이 원하는 답안을 작성하지 못했고, 공부를 효율적, 전략적으로 해야 하는 데 효율적이지 않고 전략도 없었다. 혼자서 열심히 하면 되는 줄 알았다. 소수의 사람들은 혼자서 해도 충분히 합격한다. 그러나 대다수 사람들은 시험 노하우를 합격한 강사들로부터 배우고 실전상황과 같은 환경에서 논술 및 약술 답안 작성 연습을 많이 해야 합격할 수 있다.

아들은 내가 기술사 시험에 맨날 떨어지는 것을 보고 안타까웠는지 기술사 학원에 등록하라고 조언했다. 기술사 학원을 가면 요령도 배우고 시험장의 실제 상황에 맞는 맞춤형 답안 작성 연습을 하게 되어 합격할 것이라고 말했다. 아들의 말을 듣고 학원에 등록했고 학원 수업을 빠짐없이 들으면서 모의고사 시험을 보았다. 학원 수업 후에는 도서관에서 실전과 같은 상황을 조성하고 매일 12시간씩 A4에 기승전결에 입각하여 66일 동안 답안 작성 연습을 포기하지 않고 꾸준히 했다. 진인사대천명! 하늘은 스스로 돕는 자를 돕는다! 나약한 자신을 이기고 건축시공기술사 시험에 합격했다.

우리가 서울에서 부산까지 걸어간다고 했을 때 포기만 하지 않으면 몇 달이 걸려서라도 목적지에 누구나 도착할 수 있다. 하지만 많은 사람들은 걷기도 전에, 걷는 도중에, 또는 목적지를 눈앞에 두고 몇 분을 견디지 못하고 목적지에 도달하지 못한다. 우리 모두 포기하지 않고 계속 나아가는 버티는 습관을 만들어야 한다. 생각이 습관을 만들고 습관이 행동을 만든다. 나약한 자신을 이기겠다는 생각은 좋은 습관을 만들고 이 좋은 습관이 당신을 행동하게 만들면 당신은 더 이상 나약한 사람이 아니라 성공자가 되어 있을 것이다.

솔개는 30년 정도 살면 부리와 발톱이 길어져 사냥을 하지 못하게 된다. 이때 부리와 발톱을 뽑는 고통을 이겨낸 솔개만이 살아남아 장수한다. 하늘을 나는 새도 발톱을 뽑는 고통을 참고 견디어 자신을 이겨 살아남는데, 만물의 영장인 인간이 자신을 이겨서 원하는 꿈을 이루는 것은 너무 당연한 것 아닌가?

아놀드 파머는 "만약 당신이 패배했다고 생각하면 당신은 패배한 것이다. 만약 당신이 패배하지 않았다고 생각하면 당신은 패배한 것이 아니다. 인생의 전쟁은 강한 사람이나 빠른 사람에게 항상 승리를 안겨주는 것이 아니다. 승리하는 사람은 자기가 할 수 있다고 생각하는 사람이다."고 했다. 우리 모두 나약한 자신을 이기기 위해서는 Yes, I Can을 매일 확언하고, 목표 달성을 위해 자신의 몸을 던질 정도의 열정을 가져야 한다.

인생의 방관자로
살지 마라

• • •

"다른 사람의 삶을 사느라 인생을 낭비하지 말고 당신 자신의 마음과
직관을 따르는 용기를 가지라."

스티브 잡스, 기업인

방관자의 사전적 의미는 '어떤 일에 직접 나서서 관여하지 않고 곁에서 보기만 하는 사람'을 말한다. 우리는 자신의 인생을 살아가는 데 있어 타인의 인생을 사는 것처럼 살면 방관자가 되는 것이다.

자신의 집이 불이 나서 한 줌의 재가 되는 것을 원하는가? 그렇게 되기를 원하는 사람은 없다. 그럼 당신 인생의 하루하루가 의미 없이 사라지는 것을 바라는가? 그렇게 살아서는 안 된다. 인생의 방관자로 살면 타인에 의해 당신의 인생이 휘둘리는 패배자가 된다. 부화뇌동을 아는가? 부화뇌동을 하는 사람은 애완견과

다를 바가 없다. 애완견은 주인이 가는 대로 졸졸 따라다닌다. 우리는 애완견이 아니다. 한 번뿐인 인생을 애완견처럼 살아서는 안 된다. 당장 당신의 현주소를 확인하여야 한다. 당신이 어디에서 무엇을 하고 있는지, 길을 헤 메고 있지는 않는지, 자신에게 물어야 한다. 현 위치에서 꿈을 달성할 목표를 세워야 한다. 그리고 66일 동안 목표를 이루기 위해 나아가야 한다. 당신의 어머니는 열 달 동안 온갖 힘든 것과 출산의 고통을 참아 당신이 이 세상의 빛을 보게 했다. 인류 역사를 통해 당신과 똑같은 유전자로 똑같은 모습을 하고 똑같은 마음을 가진 사람은 없다. 당신은 위대한 신의 창조물이다. 신은 당신에게 당신만의 잠재력과 재능을 주었다. 그것을 찾아서 개발하면 당신도 성공한 인생을 살 수 있다.

인생을 방관자로 살지 않고 진정한 주인으로 살아서 성공한 사람은 너무도 많다.

나폴레옹은 지중해 코르시카섬 아작시오에서 출생하여 프랑스 육군사관학교를 졸업 후 포병장교가 되었다. 1796년 이탈리아 원정군 사령관으로 임명되어 이탈리아에서 오스트리아군을 격파했고, 1798년 이집트를 원정하여 카이로에 입성하였으며, 1804년 황제에 즉위했다. 군사학과 역사서의 다독으로 전쟁에서 승리하는 방법을 배워 많은 전투에서 승리했다. 그는 "영토를 잃을지

언정 시간은 잃지 않겠다."는 명언을 남길 정도로 시간을 귀중하게 생각하면서 독서와 사색, 전략전술 연구에 대부분의 시간을 보냈다. 나폴레옹은 섬에서 태어나서 황제가 된 사람으로 자신의 인생을 스스로 개척하는 삶을 살았다.

일본 최고 부자 소프트뱅크의 손정의 회장은 한국계로 열여섯 살 때 미국으로 가서 버클리대학을 졸업했다. 그의 재산은 2018년도에 24조 원이었다. 알리바바가 초창기에 자본금이 필요할 때 손정의 회장은 마윈 회장에게 만난 지 십분도 되기 전에 204억 원을 투자했다. 알리바바가 세계 두 번째 전자상거래 기업이 되면서 손정의 회장이 투자한 돈 204억 원은 59조 원의 가치가 되었다. 그는 뛰어난 통찰력으로 미래의 기업 성장성을 보고 투자했다. 시한부 간염으로 병원에 입원해 있을 때조차도 책을 손에서 놓지 않을 정도로 엄청난 독서가다. 책을 통해서 미래를 보는 혜안을 키워 삶에 그대로 적용하고 있으며 자신의 삶을 주인의 위치에서 주도적으로 살고 있다.

워런 버핏은 세계 제일의 투자가로 그의 자산은 2017년도에 85조 원이었다. 그는 자신의 전 재산의 99%를 사회에 기부하기로 약정했다. 그는 자선사업가, 기업가, 그리고 투자자다. 그는 벤저민 그레이엄으로부터 미국 컬럼비아 경영대학원에서 가치 투자를 배워 최고의 투자가로 성장했다. 그는 독서광으로 대부분의 시간을 독서하는데 사용한다. 그는 독서를 통해 현인들을 만났고 지혜를 깨우쳐 투자에 성공했다. 그의 투자 원칙은 1, 2, 3원칙이 같다. 그것은 원금을 잃지 말라는 것이다. 평생 동안 가지고 갈 주식이 아니라면 단 한순간도 보유하지 말고 주식이 아닌 기업을 사라고 강조했다. 워런 버핏은 독서를 통해 자아를 실현했고 방관자가 아닌 진짜 주인으로서 자신의 인생을 멋지게 살고 있다.

대부분의 사람들은 아주 열심히 산다. 나는 7호선 전철을 자주 이용한다. 코로나19 전염병의 노출에도 불구하고 전철은 발 디딜 틈도 없이 초만원이다. 모두가 자신의 일터로 향한다. 이 중 몇 명이나 자신이 좋아하고 즐기는 일을 하러 출근할까. 많은 사람이 가족을 위해 직장으로 향한다. 좋아하고 즐기는 것은 우선순위에 없다. 온전히 자신이 좋아하고 즐기는 일을 하기 위해 출근을 하는 사람은 많지 않다. 지구상에 인간을 포함한 모든 생명체는 다른 생명체를 통제하고 싶어 하는 반면, 통제를 받는 것을 싫어한다. 만물의 영장인 인간은 더욱 그러하다. 선택지가 없어서 돈을 벌기 위해 상급자의 통제가 있는 직장으로 출근한다.

지천명이란 말이 있다. 지천명은 나이 50이 되면 스스로 천명을 깨친다는 것을 의미한다. 나이 50이 되면 월급쟁이 직장생활을 그만두고 자신이 좋아하는 천직을 하라는 내용이 포함되어 있다. 개인적으로 동감한다. 초등학교 이후 지금까지 남이 학교 가니까 학교에 가고 직장을 다니니까 직장에 다녔다.

부모님은 농사를 지으셨는데 내가 땡볕에서 고생하는 것을 원치 않으면 공부해야 한다고 말씀하셨다. 나는 방학 때 부모님의 농사일을 하루 7시간씩 도와주었는데 허리가 끊어질 것처럼 아팠다. 농사일을 도와주는 현장을 벗어나고 싶었던 적이 많았지만 부모님의 고생하는 모습을 생각하면 안타까워 그럴 수도 없었다. 부모님이 우리 형제 다섯 명을 모두 광주로 유학을 보낸 이유가 허리가 끊어질 정도로 아픈 농사일을 하지 말고, 공부해서 편안한 인생을 살라는 것이었다는 것을 중학생 때 알았다.

나는 하루 종일 뙤약볕 밑에서 허리 숙여서 일하라고 태어나지 않았다. 공부해서 내가 원하는 인생을 살아야겠다고 결심했다. 결심을 실천하기 위해 놀고 싶은 것도 참으면서 공부했다. 그 결과 육군사관학교에 합격하여 군생활을 시작했고, 30여 년을 직업군인으로 보냈다. 군대에서 전역 후 기술사 자격증을 취득하고 나이 60에 건설사업관리단장의 직책을 수행하고 있다. 최근에 날씨가 화창한 날이면 하늘을 쳐다보는 습관이 생겼다. 살아생전에 고된 농사일로 고생만 하시다가 하늘나라로 가신 부모님을 생각하면 마음 한구석이 아리다.

나는 2004년에 아프가니스탄 바그람 기지에서 다산부대 3진의 정작과장으로 파병 생활을 했다. 다산부대의 파병 중 임무는 미국, 독일, 영국, 프랑스, 이집트 등 동맹군과 함께 아프가니스탄 국민을 탈레반 세력으로부터 보호하고 아프가니스탄을 재건하는 것이었다. 다산부대 3진 부대장을 포함한 전 장병은 혼연일체가 되어 35가 웃도는 혹서의 날씨에도 불구하고 바그람 기지 헬기장 건설, 교량 건설, 건물 신축, 바그람 초등학교 전천후 운동시설 설치 등의 임무를 한 건의 안전사고 없이 완수하여 동맹국 지휘관 및 참모들로부터 감사장과 찬사를 받았다.

아프가니스탄 바그람기지 비행장
건설공사 준공식 행사

CJTF-76 사단장이 수여한 표창장

2004년 바그람 기지에는 탈레반에 의한 잦은 박격포 공격이 있었다. 운이 나쁜 사람은 야간에 탈레반이 발사한 박격포탄으로 죽는 상황이 발생했다. 다음 계급으로 진급하고픈 열망으로 해외 파병을 지원했지만, 파병 생활 내내 언제 어디서 떨어질지 모르는 박격포탄 때문에 항상 불안했다. 탈레반의 박격포 공격에 대한 불안은 큰 스트레스로 내 몸이 받아들였다.

해외 파병 후, 다음 계급으로 진출을 위해 보직 문제로 고민을 많이 했다. 진급된 첫해에는 다른 장교들의 진급을 위해 내가 원하지 않는 보직에서 명에 의거 임무를 수행했다. 1년 동안 후배 장교들의 진급을 위해 기여를 했다. 다음 해에도 새로운 후배 장교들의 진급을 위해 기여를 해야 한다고 생각하니 스트레스로 가슴의 통증이 느껴졌다. 어떻게든 다음 계급 진급을 위해 평정 관리가 필요하다고 생각하여 아프리카에 파병되어 있는 사하라 의무부대 부대장 보직을 지원했다. 영어 인터뷰 등 면접은 잘 했지만 나보다 여러모로 우수한 장교가 선발되었다.

대대장 보직이라도 지방 도시 근처에서 하고 싶어서 지원을 했으나 이것조차도 쉽지 않았다. 그 자리는 더 적합한 장교가 가야 한다고 담당자가 말했다. 이때 스트레스를 많이 받아 심장의 통증은 더 심해졌다. 병원에서 고혈압 진단을 받았다. 병원에서 처방한 혈압 약을 먹어도 혈압은 떨어지지 않았다. 인사 실무자의 결정대로 '인제 가면 언제 오나 원통해서 못 가겠네'라는 곳인 인제 원통으로 2006년에 대대장 보직을 받았다.

2006년부터 2008년까지 대대장 임무를 수행하는 동안 나의 정신과 몸 상태는 최악이었다. 대대장 2년 동안 사단으로부터 부여된 임무를 잘 수행해서 반드시 평정을 잘 받아 진급의 발판으로 삼겠다는 중압감이 나의 정신세계를 지배했다. 진급과 차후 보직에 대한 스트레스는 높은 혈압으로 나타났다. 인제, 원통 인근 병원을 다니면서 진료를 받았지만 의사들도 원인을 모르겠다고 했다. 150을 넘는 혈압으로 대대장 2년 동안 참을 수 없는 가슴의 통증 때문에 한순간도 자유롭지 못했다. '이렇게 살아서 무엇 하나'라는 마음이 들면서 하지 않아야 할 생각도 했다. 그 당시 나에게는 하루하루가 지옥 같은 군 생활의 연속이었다. 악조건 속에서도 대대장 임무수행에 최선을 다했지만 첫해 평정은 15명의 대대장 중에서 중간을 했고, 다음 해에는 평정제도가 바뀌어 혼자서 평정을 받았다. 군 생활이 쉽지 않다는 것을 느꼈다. 군대에서 좋은 평정은 진급과 직결되고 평정 대상자가 많은 집단에서 1등을 하면 진급에서 1순위가 된다. 평정 집단이 혼자인 경우는 경쟁력이 없어 진급에 도움이 안 된다.

나는 고통스러웠던 2년 동안의 대대장 직책을 마치고, 2007년 모든 장교가 근무하고 싶어 하는 육군본부에서 보직을 받았다. 하지만 스트레스로 인한 고혈압과 가슴 통증으로 중책을 수행할 수가 없었다. 육군본부에서의 3년간 근무는 진급과 연결되지 못했다. 직업군인에게 진급의 비중은 엄청나다. 진급을 하지 못한 장교들의 가정은 기가 죽어 있다. 어느 조직에서나 동기나 후배는 진급했는데 자신만 진급을 못했다면 보통 비참한 것이 아니다. 마음을 내려놓고 살면 된다고 말은 쉽게 하지만 결코 쉬운 것이 아니다. 어느 누구나 진급이나 승진을 위해서는 건강이 뒷받침되어야 한다. 나는 육군본부에서 중요한 보직을 수행하는 데 반드시 필요한 건강이 뒷받침되지 않아 쓰라린 패배를 맛보았다.

아프가니스탄 안정화 작전 구호활동 토의   아프가니스탄 현지인 구호활동

2010년에 아프가니스탄에서 한국군 오쉬노 부대의 협조 반장으로 파병 임무를 수행했다. 진급을 바라면서 시작한 파병 생활이 아니어서 임무수행에 대한 열정을 갖기가 쉽지 않았으나, 한국군 오쉬노 부대와 미군 1기보사단의 임무 협조가 일사불란하게 이루어지도록 최선을 다했다. 나는 미군 1기보사단의 안정화 작전치에 자리를 배정받고 아프가니스탄의 안정화를 위해 미군 참모회의에 매일 참석하여 참모 조언을 했고, 아프가니스탄 현지인 구호활동에도 참여했다. 미 1기보사단 전쟁 상황실 회의와 안정화 작전처 회의를 통해 미군이 전쟁 후 폐허가 된 나라의 안정화를 위해 어떤 일을 하는지 가까이에서 배웠다.

2011년 아프가니스탄에서 귀국 후 참을 수 없는 심장의 통증 때문에 서울대학병원에서 심장검사를 받았다. 사타구니 사이의 혈관에 심장검사 장치를 집어넣어 검사했다. 검사 결과 심장과 혈관은 이상이 없었다. 나는 심장 통증이 심해서 하루하루가 견디기 힘든데 정상이라고 하니 오진이 아닌가 하는 생각을 했다.

우리 모두는 무한 경쟁사회에서 승진과 진급, 성공과 부를 이루기 위해 신이 주신 능력 내에서 최선을 다하고 있다. 승진, 진급, 부, 성공은 몸이 건강하고 영혼이 평안할 때 의미가 있는 것이라 생각한다. 많은 고통의 시간이 지난 후 나에게 다가온 깨달음은 지난 25년 동안 모든 생각을 군대의 진급에만 고정시켜 놓고 살았기 때문에 영혼이 병들고 몸이 망가졌다는 사실이었다. 나는 내 영혼과 몸의 완벽한 방관자였고 주인이 아니었다.

대우의 김우중 회장은 '세상은 넓고 할 일은 많다.'고 했다. 왜 그렇게 군대 생활이 내 인생의 전부인 것처럼 군대만을 생각하고 살았는지, 극심한 가슴 통증을 견디면서 살아가는 것을 선택했는지, 책을 읽고 있는 이 순간 내 영혼은 자유로움을 느끼고 몸은 가슴의 통증이 없는 편안함을 느끼고 있다. 나이 60! 웃고 있는 거울 속의 나의 모습을 보고 그래도 너를 사랑한다고 말하고 있다. 인생은 기쁨과 슬픔의 반복이나 그래도 가슴 통증이 없는 즐겁고 행복한 인생을 살 권리가 나에게 있다. 스트레스로 가슴 통증이나 다른 질환을 야기하는 직업이라면 자신의 몸과 정신의 주인으로서 과감히 정리해야 한다.

연습이 없는 한 번뿐인 우리의 인생. 자기 자신이 주인이 되어 육체적, 정신적으로 아픔이 없는 행복한 인생을 살아내야 한다.

심리학자 매슬로우는 인간의 욕구를 5단계로 정의했다. 1단계 생리적 욕구, 2단계 안전의 욕구, 3단계 사회적 욕구, 4단계 자기존중의 욕구, 5단계가 자아실현의 욕구이다. 5단계에서 의미하는 자아실현은 자신이 가치 있다고 생각하고 좋아하는 일에 푹 빠져서 즐기면서 원하는 목표를 달성하는 것을 말한다. 모든 인간은 자신만의 뛰어난 재능으로 자아실현을 할 수 있다.

성공을 위한
다섯 가지 습관 혁명

첫 번째 66일 혁명
독서 혁명

당신의 독서 현주소는?

· · ·

"당신의 인생을 가장 짧은 시간에 가장 위대하게 바꿔줄 방법은 무엇인가? 만약 당신이 독서보다 더 좋은 방법을 알고 있다면 그 방법을 따르길 바란다. 그러나 인류가 현재까지 발견한 방법 가운데에서만 찾는다면 당신은 결코 독서보다 더 좋은 방법을 찾을 수 없을 것이다."

워런 버핏

책은 많은 것을 변화시킨다. 우리의 생각은 물론 생활에까지 크고 작은 변화를 일으킨다. 그래서 나는 첫 번째 66일 혁명으로 독서 혁명을 꼽는다. 독서 혁명을 하려면 먼저 당신의 독서 상태에 대해 알아야 한다. 현재 당신의 독서 현주소는 어떠한가.

나의 독서 현주소는 책을 읽고 쉽게 소화하는 단계에 있다. 2019년 1년 동안 500여 권의 책을 읽은 후에 책들 상호 간에 공통되는 내용을 쉽게 알아내는 능력이 생겼다. 내가 즐겨 읽은 책은 자기계발서, 고전, 인문학, 주식, 부동산, 경제 관련 책이다. 자기계발서, 주식, 부동산 관련 책들은 주요 내용이 50% 이상 일치한다. 이와 관련된 책을 출간하는 작가는 그의 창의력과 구슬 꿰는 능력에 따라 독자에게 사랑받기도 하고 그 반대인 경우도 있다.

책을 읽고 쉽게 소화하는 능력 향상은 다독과 정독을 병행했을 때 가능하다. 인간의 뇌는 반복해서 입력되는 정보를 단기기억에서 장기기억으로 저장한다. 이때 반복 횟수가 증가할수록 지적 영역이 확장되어 책을 쉽게 이해하고 소화할 수 있게 된다.

언젠가 딸에게 남자친구가 생겼다고 해서 남자 친구에게 책을 한 권 선물로 사주겠다고 했더니 딸은 요즘 책 읽는 사람이 어디 있냐고 반문했다. 잠시 분위기가 썰렁했다. 요즘 서점의 책이 많이 팔리지 않는다고는 알고 있었지만 그렇게까지 독서를 안 하는 것은 몰랐다.

과거 군대 생활하는 동안 책을 읽는 이유를 모르고 살았다. 누군가는 나에게 독서의 중요성에 대해 이야기를 했을 것인데, 기억이 나지 않는 것은 내가 다른 사람의 말을 경청하지 않았기 때문인 것 같다. 지난 50여 년 간 내가 읽은 책은 교과서를 제외하고 10권도 안 된다. 독서를 거의 하지 않았다. 죽기 전에 해야 할 버킷리스트를 작성하면서 그동안 읽지 않았던 책을 읽어야겠다는 생각에 2019년 한 해 동안 500여 권의 책을 읽었다. 500여 권의 책은 나에게 '학이시습지 불역열호'라는 고사성어의 의미를 깨닫게 했다. 배우고 익히면 이 또한 기쁘지 아니한가? 책 읽기를 통해서 성인들의 지혜를 배웠고 책 한 권을 집필하기 위해 작가들이 얼마나 노력하는지를 알았다.

나는 독서를 통해 나에게 도움이 되는 깊이가 있는 책을 고를 수 있는 능력이 생겼다. 매일 많은 책이 출간되고 있다. 2018년부터 2019년까지 2년 동안 주말에 교보문고로 출근하다시피 했다. 매주 토요일, 일요일 이틀 동안 10권의 신간 서적을 읽었다. 대부분의 신간 서적은 나에게 깨달음을 주었으나 어떤 책은 무슨 뜻인지 알 수 없었다. 그래도 숨이있는 보물을 찾겠다는 생각으로 끝까지 읽어 보았지만 아무것도 건지지 못한 경우는 허망했다. 책이 나의 '시간 도둑'이 될 수도 있다는 것을 그때 알았다. 책을 쓴다면 독자의 시간 도둑은 되지 않아야겠다는 각오를 다졌다. 나에게 도움이 되고 깊이가 있는 책을 고를 수 있는 능력 향상에 정약용의 초서 독서법, 김병완 작가의 퀀텀 독서법이 많은 영향을 주었다.

책을 읽어 본 적이 있는가? 독서를 해 본 적이 없다면 당신 수준에 맞는 관심분야의 책을 선정해서 읽어라. 책은 서점에서 사서 볼 수도 있고 도서관에서 빌려 볼 수도 있다. 신간 서적은 도서관에 바로 들어오지 않기 때문에 서점에서 구매를 해야 한다. 책을 읽다 보면 작가와 책의 수준을 알 수 있다. 어떤 경우에는 '나도 이런 내용의 책은 쓸 수 있겠다'라는 생각이 들 때도 있다. 하지만 어떤 책을 읽든지 책은 우리의 지적 성장을 돕는다. 아무리 엉성한 책이라도 책을 쓴 작가는 한 달 이상은 고민하고 집필했을 것이다. 한 달 이상 고민하고 집필한 책을 당신이 24시간 이내에 읽었다면 당신은 책에서 많은 것을 건졌을 것이다.

명나라의 독서왕으로 유명한 양천상은 밤낮없이 책만 읽었다고 한다. 독서를 향한 그의 열정은 대단했다. 찬 바람이 세차게 부는 겨울밤에도 졸음을 쫓기 위해 얼음 물에 발을 담갔을 정도다. 매일 그렇게 얼음 물에 발을 담근 채 책을 읽다가 결국 동상에 걸려 한쪽 발을 잃기도 했다. 절름발이가 되었어도 그의 독서 사랑은 계속됐다. 그는 왜 그렇게 책에 열심이었을까. 그는 책으로 많은 이치를 깨달았다. 그는 평소 책을 소리 내어 읽기를 즐겼는데, 귀로 책 읽는 소리를 듣고 의미를 깨우쳤다고 한다.

나는 독서를 통해 지식이 확장되었고 지혜롭게 행동하게 되었다. 독서는 내가 얼마나 좁은 시각으로 인생을 살아왔는지를 깨닫게 했고 지혜로운 삶을 살도록 방향을 제공하고 실천하게 했다.

나는 건설사업관리단의 단장이다. 기술인 14명의 의견을 받아들여 결정하고, 건물 준공이라는 최종 목표를 달성해야 하는 책임이 있다. 지난 2년 동안 읽었던 책들의 도움으로 사랑, 인정, 칭찬, 덕의 리더십을 실천하고 있다. 지시하는 것을 이행하지 않는 사람, 말을 함부로 하는 사람, 공적인 것보다 사적인 것에 집중하는 사람, 다른 사람에게 상처 주면서 조직을 와해시키는 사람 등 다양한 사람들이 있다. 이런 다양한 사람 중에 인성 변화가 필요한 사람도 있다. 사람의 인성을 변화시키는 것이 가장 힘들다. 좋은 인성으로의 변화는 남이 해 줄 수 있는 것이 아니고 자신이 노력해야 한다.

독서를 통해 얻은 지식과 지혜를 바탕으로 조직 내 문제점을 해결하기 위해 66일의 인생혁명을 실천하고 있다. 인생혁명이라 하면 거창한 것으로 들릴 것이다. 하늘 아래에서 일어나는 것이 새로운 것이 어디 있는가? 모든 것이 성경, 고전, 성현, 작가들의 책 속에 다 있다. 나와 나의 조직원인 기술인들의 머릿속에 있는 나쁜 아집, 생각 등을 좋은 글로써 씻어 내고 채워 넣어 조금씩 변화시키고 있다. 매일 아침 회의 때 '사랑합니다'로 서로에게 인사하고 좋은 글을 읽고 생각을 한다.

워런 버핏은 "독서가 당신의 인생을 가장 짧은 시간에 가장 위대하게 바꿔준다."고 했다. 책은 사람을 만든다. 독서를 통해 당신의 인격을 한 단계 고양시킬 수 있다. 독서는 스스로 내면을 들여다보게 하고 반성하게 하여 좋은 인성을 갖게 하고 지혜롭게 한다. 독서를 한 사람은 다른 사람에게 선한 영향력을 끼친다. 독서는 당신의 잠재의식에 향기롭고 어여쁜 말을 사용하도록 영향을 주어 인간관계를 원만하게 한다. 책은 당신이 남의 험담을 못 하게 하고 말을 할 때와 안 할 때를 구분하게 하며 남의 말에 경청하게 한다.

인간의 뇌는 현실과 꿈을 구분하지 못한다. 그래서 원하는 것을 간절히 바라면서 뇌를 변화시키면 꿈이 현실로 이루어지게 할 수 있다. 나는 기술인들이 각자의 내면을 변화시켜 서로에게 힘과 용기를 주는 따뜻한 말을 하는 좋은 인성의 소유자들이 될 것이라 확신한다. '한 사람의 간절함이 전체를 움직인다.'고 굳게 믿는다.

나는 독서를 통해 작가가 될 수 있는 기초를 구축했다. 당신이 독서를 꾸준히 한다면 작가, 강사, 1인 기업가도 될 수 있다. 노트북과 핸드폰을 이용하여 시간과 장소 제한 없이 어디서나 글을 쓸 수 있는 디지털노마드가 될 수 있다. 글 쓰는데는 돈도 들지 않는다. 카페나 식당업처럼 초기 투자비용이 없다.

뇌 과학자들은 인간은 자신의 두뇌 능력의 5%도 사용하지 않는다고 말한다. 그렇다면 두뇌를 0.001%만 더 사용하면 우리 모두는 1년에 책 500권은 충분히 읽을 수 있다. 나는 독서를 통해

내 영혼이 평안하고 내 몸이 건강한 삶을 살고 있고 하루하루를 의미 있게 보내고 있다. 이 순간도 몰입하여 책을 읽으면서 그동안 나를 괴롭혀 왔던 잡념들과 이별하여 시간을 효율적으로 사용하고 있다. 당장 독서를 시작하라. 지혜로운 사람도 되고 부자도 될 수 있다.

브라이언 트레이시는 "나는 지구상 어느 곳에서도 매일 독서하는 습관으로 자신의 삶을 변화시키지 못한 사람을 만난 적이 없다."고 했다. 그는 독서를 하면 지식이 풍부해지고 전문가가 되고, 보수를 가장 많이 받을 수 있다고 했다. 독서하는 습관은 우리의 인생을 변화시킨다. 독서하는 습관은 당신을 더 이상 두려움에 떨지 않게 하고, 당신을 총명하게 하고, 당신을 유명 인사가 되게 하며, 당신을 부자가 되게 한다. 독서하라.

당신의 독서력은?

독서는 우리의 인생을 소중하게 여기는 힘과 어려움을 극복할 지식을 주고 지혜를 깨우치게 한다. 매사에 자신감이 없고 되는 일이 없다는 생각이 든다면 독서를 하라. 당신의 꿈을 이루고 싶다면 독서를 하라. 독서에 몰입하는 순간에는 과거에 대한 후회와 불안한 미래를 생각하지 않고 현재에 집중하게 된다. 더불어 행복감을 느끼고 지식이 확장되고 지혜가 차곡차곡 쌓임을 느끼게 된다.

독서력의 사전적 의미는 '책을 읽어서 이해하고 즐기는 능력'이다. 책을 읽고 이해하는 것이 선행되어야 즐길 수 있다. 책의 내용을 이해하지 못하는데 즐기는 것은 불가능하다. 책을 읽고 이해하는 능력은 책의 난이도, 자신의 어휘력, 독서량, 독서법 숙달 정도 등에 따라 차이가 있다.

2018년에 나는 다섯 시간에 책 한 권을 읽는 것도 쉽지 않았다. 그러나 2019년 한 해에 500여 권의 책을 읽은 후, 향상된 어휘력과 독서법을 바탕으로 지금 나의 독서력은 2.5시간에 책 한 권을 읽는다. 같은 장르의 책들은 상호 간에 핵심 단어와 중요 내용이 많이 겹치므로 다독을 하는 사람은 독서력이 향상된다.

독서력 향상 방법으로 핵심 단어 확인 독서법, 초서 독서법, 퀀텀 독서법, 플랫폼 독서법 등이 있다.

첫째, 핵심 단어 확인 독서법은 제목, 서언, 목차, 본문의 소제목, 본문의 핵심 단어를 확인하면서 독서하는 방법이다.

나의 경우 나이 58세에 처음 100여 권의 독서를 할 때 책 제목만 보고 바로 본문으로 들어가 책을 읽었다. 책의 핵심단어가 무엇인지에 알지 못하고 책을 읽었기 때문에 독서력 향상은 미미했다. 100여 권을 읽은 후 책의 저자가 독자에게 알리고 싶은 핵심 내용이 무엇인지, 핵심내용을 전달하기 위한 핵심 단어가 무엇인지 찾기 시작했다. 책을 읽는 중에 핵심 단어가 반복되는 것을 알았고 비슷한 장르의 책 간에는 핵심 내용과 핵심 단어가 중복되는 것을 알게 되었다. 이후 책을 읽기 전에 제목, 목차, 서언, 목차의 소제목, 본문의 핵심 단어 확인을 한 후 독서하는 습관이 생겼고 나의 독서력은 책 한 권 읽는데 5시간에서 2.5시간으로 단축되었다.

세상에는 엄청난 양의 책이 있다. 한 사람이 몰입하여 평생 책만 읽어도 다 읽을 수가 없다. 그래서 제목, 목차, 서언, 본문의 핵심 단어를 먼저 확인하는 습관이 형성되어야 짧은 인생을 살아가면서 최대한 많은 책을 읽을 수 있다. 이것이 한 번 지나가면 영원히 돌아오지 않는 당신의 귀중한 시간을 낭비하지 않는 방법이다.

둘째, 초서 독서법이다. 초서 독서법은 다산 정약용이 강진에서 18년 동안 유배생활을 할 때 아들에게 쓴 편지에 자세히 기록되어 있다. 다산이 시경, 서경, 대학, 중용, 논어 등의 많은 책을 읽으면서 터득한 독서법이다. 초서 독서법은 5단계로 구성된다. 1

단계는 입지로서 책을 쓴 작가의 근본 의도를 파악하는 것이고, 2단계는 해독으로 읽고 이해하는 것이다. 3단계는 판단으로 취사선택하는 것이며 4단계는 초서로 기록하는 것이고 5단계는 의식을 확장하는 것이다. 나는 초서 독서법 5단계를 책을 읽을 때 실천하고 있다. 3, 4단계를 적용해서 기록한 대학노트가 30권으로 나에게 큰 자산이다. 5단계는 읽은 책에 대해 사색하면서 의식을 확장한 후 A4 한 장 분량으로 요약한다.

대부분의 사람은 책을 읽고 기록하지 않는다. 이런 경우 수일 후 무엇을 읽었는지 기억이 가물가물하다. 나도 독서를 본격적으로 할 때 100권을 읽을 때까지 기록을 하지 않았다. 어휘능력은 늘고 독서력은 다소 향상되었으나 글을 쓸 때 참고할 내용이 생각나지 않아서 무의미한 독서를 했고 시간을 낭비했다는 생각을 한 적도 있다.

책을 읽은 후 핵심 내용과 느낀 점, 실생활에 적용할 내용 등을 기록하는 습관을 길러야 한다. 이렇게 기록한 내용을 수시로 읽게 되면 당신의 독서력은 한 단계 업그레이드된다.

셋째, 퀀텀 독서법이다. 퀀텀 독서법은 〈퀀텀 칼리지〉의 김병완 작가가 개발한 방법이다. 눈으로 글자를 한자 한자 따라 읽지 않고, 2~3개 문장을 통으로 읽거나 반 쪽을 통으로 읽거나 한 쪽을 통으로 읽거나 책의 좌우측 쪽을 통으로 읽는 방법으로 뇌를 이용한 독서법이다. 뇌를 이용하는 독서법이어서 뇌에 어휘력이 사전에 충분히 내장되어 있어야 효과가 나타난다. 이 독서법으로 성과를 보기 위해서는 지속적인 퀀텀 독서법 훈련을 하고 어휘력 향상을 위해서 노력해야 한다. 모르는 어휘는 국어사전을 이용해서 찾아서 정리하는 것도 좋은 방법이다. 어휘에 대한 정확한 뜻을 모르고 독서를 하면 독서력 향상은 더딜 수밖에 없다.

넷째, 플랫폼 독서법이다. 플랫폼 독서법은 비슷한 장르의 책을 여러 권 놓고 그 중에서 중요한 부분만을 발췌하여 비교하면서 읽는 방법이다. 책 내용이 겹친 부분을 여러 번 읽게 되어 오래 기억되기 쉽고, 비슷한 책들이 말하는 저자의 주장을 쉽게 확인할 수 있다. 플랫폼 독서법은 책을 집필할 때 효과적이다. 본격적으로 원고를 쓸때 비슷한 장르의 책을 비교하면서 정리하면 독자들에게 도움을 줄 가치 있는 내용을 책에 쉽게 포함시킬 수 있다.

다섯째, 되새김질 독서법이다. 책을 읽은 후 사색을 하는 것이 되새김질 독서법이다. 책을 들고 읽는 것만이 독서가 아니다. 읽은 책의 내용을 산책하면서 느낀 점, 교훈, 나에게 적용할 사항, 나의 생각과 다른 점 등을 생각하면 차후에 비슷한 장르의 책을 읽을 때 독서력이 향상되어 있음을 느끼게 된다.

생각하는 훈련은 책을 읽기 전, 읽는 중, 그리고 읽은 후에 적용하면 더 효과적이다. 이렇게 했을 때 우리가 읽은 내용은 장기 기억의 뇌 캐비닛에 쉽게 저장되어 어느 때에도 사용할 수 있게 하며 독서력을 한 차원 높여준다.

여섯째, 아침 시간 독서법이다. 아침 1시간의 독서력이 오후 3시간 독서력과 같은 효과를 갖는다. 아침 독서력이 오후 독서력 의 3배 이상인 이유는 뇌가 피로하지 않은 상태에서 몰입할 수 있 기 때문이다. 뇌는 기상 후부터 일을 하면서 에너지를 계속 사용 하여 오후가 되면 에너지가 떨어져서 집중력이 저하된다. 대부분 의 아침형 인간이 집중이 안 되는 저녁시간에는 일찍 취침을 하고 아침 일찍 독서를 하는 이유가 여기에 있다.

우리에게는 일생동안 37만 시간이 주어졌다. 이 시간은 유아 기, 노년기, 잠자는 시간 등을 뺀 실제 우리가 자신의 발전을 위해 순수하게 사용할 수 있는 시간이다. 이 짧은 시간 속에서 단 한 권 이라도 성인, 현인, 수많은 작가들이 쓴 책을 읽고 보다 지혜로운 삶을 살기 위해서는 독서력을 향상시켜야 한다.

당신의 독서량은?

"만 권의 책을 읽으면 글을 쓰는 것도 신의 경지에 이르게 된다."

두보

2020년 우리나라 성인의 한 달 평균 독서량은 0.5권이다. 2015년 우리나라 성인의 연간 평균 독서량은 9.6권이고, 미국은 79.2권, 일본 73.2권 프랑스는 70.8권이다. 우리나라는 192개국 중 166위이다.

60년 인생 동안 내가 읽은 책은 600여 권이고, 나의 독서량은 한 달 평균 40여 권이다. 2019년 한 해에 500여 권의 책을 읽었다. 책 100여 권을 처음 읽을 때에는 요약하고 느낀 점을 기록해야 한다는 것도 모른 채 읽었다. 그저 읽기만 했다. 이 후, 인생을 살면서 나의 지식과 지혜, 인생의 나침반이 될 내용들을 요약하고 느낀 점을 기록하기 시작했다. 기록을 하지 않았다면 책의 내용이 기억나지 않았을 텐데 지금은 노트만 훑어봐도 읽었던 책의 내용이 선명하게 떠오른다.

코로나19 전에는 주로 서점에서 책을 읽었는데 지금은 도서관이나 집에서 주로 읽는 편이다. 그래도 한 주에 10권은 읽고 있다. 독서는 내 삶에서 가장 중요한 부분이 되었다. 독서는 나의 고민과 잡념을 줄여주었고 정신건강에 큰 도움을 주었다. 책은 나의 내면을 정화시키고, 정직, 용기, 기쁨, 깨달음의 높은 수준의 에너지를 주고 있다.

지금은 군복무 중인 많은 병사들이 부대도서관에서 독서를 하고 있다. 2019년 서울 인근의 한 군부대를 방문했는데 도서관이 독서하기에 불편함이 없도록 잘 디자인되어 있어서 놀랐고, 일과가 끝난 후에 많은 병사들이 도서관에서 독서를 하는 것을 보고 또 한 번 놀랐다. 독서에 귀중한 시간을 투자하고 꿈을 이루기 위해 전진하는 병사들을 보고 있자니 우리나라의 미래가 밝다는 생각이 들었다.

2002년, 2013년에 미군 부대에 근무할 때 미 8군 도서관과 미 2사단 도서관에서 미군병사들이 독서하던 모습과 지금의 우리 병사들이 독서하는 모습이 오버랩 되었다. 2021년 우리나라는 선진국에 포함되었다. 이제 독서도 우리나라가 선진국 대열에 들어서기를 국민의 한 사람으로 기대한다.

군대는 전쟁을 대비해 존재하는 조직이다. 일과시간에는 전쟁 준비를 위해 내실 있게 훈련하고, 일과 후에는 도서관에서 책을 읽어 지적 수준을 향상하고 지혜를 깨우친다면 '더 이상 군대생활을 낭비하는 시간이 아닌 창조했던 시간으로 기억하겠구나'

라는 생각을 했다.

독서량은 4가지 측면에서 독자에게 중요하다. 먼저, 독자의 지식의 폭과 깊이를 확장시키고 마음에 평화를 주고 지혜롭게 행동하게 한다. 둘째, 책 쓰는 작가가 되게 한다. 셋째, 당신을 성공자로 만든다. 피터 드러커는 '미래의 자본가는 지식노동자'라고 했다. 당신 수준에 맞고 관심 있는 분야의 책을 먼저 읽어라. 계속해서 독서 영역을 확장하라. 영역이 다른 책을 일정기간 집중하여 읽고 나면, 여러 분야를 아우르는 잡종이 될 수 있다. 앞으로 지식노동자도 잡종이 대세다. 잡종 지식 노동자가 더 크게 성공한다. 마지막으로, 독서하는 좋은 습관을 형성시킨다. 천리 길도 한 걸음부터 시작된다. 당신이 포기하지만 않는다면 당신의 독서량은 10권, 100권, 1,000권, 1만 권으로 계속 늘어날 것이다.

당신의 독서량을 증가시키기 위해서는 첫째, 스톱워치를 사용하라. 스톱워치는 당신의 집중력을 향상시켜 몰입하는 독서가 가능하게 하고 잡념으로부터 당신을 자유롭게 한다. 나는 책을 읽을 때와 글 쓸 때, 그리고 공부할 때 스톱워치를 꼭 사용한다. 스톱워치 덕분에 책 600여 권을 읽었고, 출판사와 내 생애 최초의 출간 계약을 했고, 건축시공기술사 국가자격시험에 합격할 수 있었다.

둘째, 당신의 가슴을 뛰게 하는 장르의 책을 선택하되 수준에 맞는 책을 읽어야 한다. 무작정 아무 책이나 읽어서는 안 된다. 좋아하지 않고 관심도 없는 분야의 책을 읽으면 독서가 지루해지고 재미가 없어서 오랫동안 지속할 수가 없다. 사람에 따라 차이가 있겠지만 독서를 처음 시작하는 사람은 200쪽 전후의 책을 고르는 것이 좋다. 또한 소주제별로 요약한 내용이 있는 책도 도움이 된다.

셋째, 어휘력을 높이기 위한 노력을 하라. 주식서적의 경우 주식관련 용어를 미리 공부하고, 영어소설의 원서를 읽고자 하면 한글판 소설을 먼저 읽고 사전 지식을 갖춘 상태에서 독서를 하면 모르는 용어나 단어를 쉽게 이해할 수 있다. 흥미를 잃지 않고 끝까지 읽을 수 있다.

넷째, 독서 모임을 하라. 블로그에 들어가면 독서 모임, 영어원서 읽기 모임 등이 있다. 가입비 2~3만원이면 주 1회 독서한 책에 대한 화상 토의를 하고 일주일에 1~2권의 책을 읽을 수 있다.

다섯째, 쟁점을 파악하고 문제에 대한 솔루션을 찾는 분석적 독서를 하라. 책을 분석하여 읽으면 작가의 의도 파악이 쉽고 읽지 않아도 될 부분의 확인이 가능하여 짧은 시간에 많은 책을 읽을 수 있다.

많은 독서량으로 성공한 사람으로는 정약용과 소프트뱅크

CEO 손정의, 철강왕 앤드루 카네기, 일본 최고의 소설가 무라카미 하루키 등이 있다.

정약용은 시경, 서경, 역경, 예기, 춘추, 논어, 맹자, 중용, 대학 등 엄청난 양의 책을 읽고 지식을 넓히고 지혜를 깨우쳤다. 그는 독서의 힘으로 500여 권의 책을 저술했다.

일본 소프트뱅크 손정의 회장은 제일교포이다. 그는 간염으로 시한부 선고를 받고 병원에 입원해 있을 때에도 손에서 책을 놓지 않을 정도로 독서를 했다. 책을 통해서 통찰력을 배워 삶에 그대로 적용하고 있으며 자기 인생의 진짜 주인으로서 살고 있다.

철강왕 앤드루 카네기는 14세 때 부모를 따라 스코틀랜드에서 미국으로 이민을 왔다. 그는 집안이 가난하여 어린 시절부터 공장을 다니면서 돈을 벌었다. 공부를 제대로 할 수 없었던 그는 10대 중반 무렵, 마을의 한 자선가의 서재에 드나들며 책을 읽기 시작했다. 초등학교도 제대로 나오지 못했지만 혼자서 읽고 쓰기를 배웠다. 그때 책을 통해 배웠던 지식과 지혜가 그를 부자의 길로 이끌어 주었다. 억만장자가 된 카네기는 재산을 후손에게 물려주지 않고 미국 전역에 도서관 2,500여 개를 건립하는 등 자선 사업에 모두 썼다.

일본 최고의 소설가 하루키는 "뛰어난 소설도, 그다지 뛰어나지 않은 소설도, 별 볼 일 없는 소설도 좋다."고 말했다. 그가 읽은 모든 소설은 훌륭한 소설가가 되는 자양분이 되었다. 우리가 좋은 책을 골라서 읽으면 좋겠지만, 잘못 고른 책도 도움이 될 수 있으니 책을 고르는데 많은 시간을 낭비하는 것은 고려할 필요가 있다. 그는 학창시절에 책을 닥치는 대로 읽었고 조금이라도 많은 이야기에 자신의 몸을 통과시켰다. 그는 책을 통해 "수많은 뛰어난 문장을 만났지만 때로는 뛰어나지 않은 문장도 만났다."며 '이것이 가장 중요한 작업'이라고 했다.

독서량을 늘려 지적수준을 높이려는 사람은 중요 어휘 사전 학습, 몰입 독서, 속독, 스톱워치 활용 등을 하면 효과적이다. 몰입 독서, 속독을 하는 사람의 독서량이 많아지는 이유는 잡념이 끼어들 시간을 주지 않기 때문이다. 몰입이나 속독 능력이 없다고 생각하는 사람은 스톱워치를 이용하여 적정 독서 시간을 세팅하라. 집중력이 향상되어 독서량이 증가한다. 여러분의 독서량은 당신을 성공자가 되게 한다. 독서량 향상을 위해 몰입, 속독, 스톱워치 사용을 습관화 하라.

두 번째 66일 혁명
운동 혁명

. . .

"운동이 뇌 건강에 얼마나 중요한지 알아야 한다.
운동을 하면 심장이 좋아지고 장수할 뿐만 아니라, 뇌 기능이 좋아져서
사고력과 판단력이 향상되고 스트레스 대응력도 좋아진다."

레이티, 하버드대학교 교수

당신의 운동 지수는?

운동지수(Exercise Index)는 폐 기능 장애의 정도를 알기 위한
운동 부하 시험 결과 지수다. 운동 부하 시험은 런닝 머신에 시
험 장치를 부착한 시스템 상에서 실시한다. 이 시험은 걷는 단계
에서 달리는 단계로 진행되며 속도를 15단계로 높인다. 이렇게
15단계로 속도를 높인 경우의 1분간 운동 시 폐에서 내뱉는 공
기량에 대한 최대 호흡량의 백분율이 운동지수다. 운동지수가
20~24%인 경우는 폐 기능이 가벼운 장애이고, 25% 이상인 경우

는 중간 이상의 폐 기능 장애다.

운동지수가 20%이하일 때는 정상이고, 20%이상일 때는 폐 기능에 장애가 있으므로 유산소 운동을 통해 폐를 건강하게 하거나 병원에서 정확한 원인을 찾고 치료를 해야 한다. 우리 몸의 폐는 두 개로 심장 좌우측에 있다. 폐와 심장은 서로 밀접한 관계가 있다. 적혈구가 몸에서 만들어진 이산화탄소를 폐로 운반하고, 폐는 이산화탄소를 산소로 전환하여 온몸으로 보내고 산소를 저장한다. 사람들은 얕은 물속에 잠수할 때 자신의 폐에 저장된 산소를 사용한다.

운동을 하면 몸에서 젖산이라는 피로물질이 생성된다. 이를 분해하기 위해서는 더 많은 산소가 필요해서 숨이 차다. 숨이 조금은 차도록 운동하는 것이 폐를 활발하게 운동하도록 만든다. 폐 기능 향상에 도움을 주는 운동으로는 수영, 자전거, 달리기, 스케이팅 등이 있다.

2012년 서울의 한 병원에서 폐 기능 장애여부를 확인하기 위해 운동 부하 검사를 받았다. 심장의 통증이 너무 심해서 병원에 갔는데, 병원에서는 심장과 폐가 서로 밀접한 관계가 있다고 검사를 해야 한다는 것이다. 의사의 지시에 따라 나는 15단계로 달리는 속도를 높였다. 달리는 동안 폐의 정상 작동여부를 알려주는 데이터는 그래프와 수치로 출력되었다. 결과지를 받아든 의사는 폐 기능은 정상이라고 말하면서 운동지수에 대해 설명해 주었다. 운동지수가 15%이므로 정상인이라고 말했다. 폐는 정상이었지만 나의 심장 통증은 계속되었다. 심장 통증은 폐 기능 장애, 혈관 축소와 가족력으로 인한 고혈압, 스트레스 증가, 운동 부족 등 여러 가지 원인으로 발생한다. 우리 몸의 어느 곳 한 부분이 아픈 것은 그곳만의 문제일 수도 있지만 다른 곳에 원인이 있는 경우가 많다. 근원적인 원인을 알고 처방해야 고통의 시간을 줄일 수 있고 건강도 지킬 수 있다.

폐 기능 검사결과 나의 운동지수는 정상인 범위 내에 있다는 것을 알았다. 육사 생도시절에는 앉아 뛰며 돌기, 엎드려뻗치기, 선착순 등 얼차려와 단독군장과 완전군장 구보, 수영 등으로, 장교로서 군대생활을 할 때에는 병사들과 구보, 축구, 족구, 농구 등으로, 군대 전역 후 민간인이 되어서는 아이스 스피드 스케이팅으로 나의 폐 기능은 강화되었다. 폐 기능 향상은 유산소 운동이 최고다. 폐에 문제가 있어서 의사로부터 약물치료 처방을 받은 환자는 운동요법을 병행해야 한다. 운동은 우리의 몸을 살리고 신체에 해를 주지 않는 가장 좋은 약이다. 단, 제대로 해야 한다. 운동을 할 때는 스트레칭, 워밍업, 쿨링다운을 반드시 실시하고 연령, 근력, 능력에 맞게 적절한 운동을 해야 한다. 무리한 운동은 관절과 근육을 망가뜨리는 악영향을 초래한다.

운동지수를 낮춘다고 미세먼지가 많은 날에 운동을 해서는 안 된다. 미세먼지는 기관지에서 걸러지지 않은 채 폐로 들어가 이산화탄소와 산소를 교환하는 폐포에 흡착되어 면역력을 약화시키고 많은 질환을 야기한다. 면역력이 약하고 기관지 질환이 있는 사람은 코로나19 후에도 미세먼지 기준 농도를 확인하고 외출 시 마스크 착용 여부를 결정해야 한다.

많은 사람들의 운동지수는 폐 기능 장애의 경계선 상에 있거나 가벼운 장애 수준에 있다. 자신의 운동지수를 정상인 수준에 위치시키기 위해서는 유산소 운동을 생활화해야 한다. 우리 뇌는 하루 24시간 내내 깨어 생각하고 고민하고 결정하는 몸의 사령탑 역할을 하므로 항상 피곤하다. 이렇게 피곤한 뇌를 잘 이용해서 운동을 하면 운동지수를 정상인 수준으로 되돌릴 수 있다. 당신이 조깅할 생각을 했다면 곧바로 현관문을 열고 나가야 한다. 뇌는 그 짧은 순간에도 결정했던 것을 바꾸기 때문이다. 뇌가 결정을 바꾸기 전에 바로 행동하면 뇌는 새로운 환경에서 새로운 생각을 한다. 날씨가 화창해서 좋고 산들바람이 불어서 좋고 푸른 녹음이 좋고 시냇물의 졸졸 흐르는 소리가 듣기 좋고…. 이렇게 뇌는 상황에 따라 다른 결정을 내려서 우리 몸이 자신감, 기쁨, 행복감, 우울, 무기력함 등을 순간순간 느끼게 한다.

내가 싫어하는 계절은 겨울이다. 추위가 싫다. 겨울철에 나가서 운동하는 것이 엄두가 나지 않는다. 집에 있는 경우가 많은데 배는 계속 나온다. 나이가 60이어서 내가 섭취한 음식물의 칼로리를 내 몸이 에너지원으로 모두 소모하지 못하고 남는 것을 지방으로 축적한다. 체중계에 올라설 때 마다 놀란다. 비만 중에 상비만으로 가고 있다. 이래선 안 되겠다는 생각에 결심했다.

난 체중을 줄이기 위해 생활 속 운동을 실천하고 있다. 기상 후 샤워하고 스트레칭 5분을 하고, 팔굽혀펴기 7개씩 3세트를 5분 동안 하고, 출근길에 전철역까지 15분을 걷는다. 전철을 기다리면서 5분 동안 스케이팅 자세 연습을 하면서 한 발 오래 버티기로 근력운동을 한다. 전철 이동 후 직장까지 15분을 걷는다. 퇴근 후에는 집 근처에서 인라인 스케이팅을 40분 동안 한다. 나처럼 나이 60 근처에 있는 사람이 인라인 스케이팅을 하는 것은 위험하다고 생각할 수 있다. 나는 철저하게 스트레칭과 워밍업, 기본자세 훈련을 10분 이상하고 땀이 조금씩 나기 시작할 때 천천히 인라인 스케이팅을 즐긴다. 인라인 스케이팅을 하는 동안에도 10분마다 휴식을 하면서 스트레칭과 기본자세 연습을 계속한다. 인라인 스케이팅을 마친 후에는 스트레칭과 기본자세 연습, 쿨링다운을 한다. 이렇게 해야 관절과 근육에 무리가 없고 건강한 몸을 유지할 수 있다. 매일 동일한 사이클로 하루에 약 100분의 생활 속 운동으로 운동지수를 젊은 정상인 수준으로 유지하고 있다.

운동지수를 정상인 수준으로 항상 유지하기 위해서는 달성 가능한 작은 운동량을 목표로 정해서 반복해서 실행하는 것이 좋다. 그래야 뇌가 과거의 게으른 습관을 잊고 작은 운동량을 거부하지 않고 받아들인다. 뇌는 갑작스럽게 부담되는 운동량을 주면 거부반응을 느끼고 불편해하며 빨리 포기하도록 육체에 명령을 한다. 운동을 조금씩 하면서 뇌가 적응하도록 하고, 뇌가 작은 운동량에 적응한 후 강도를 조금씩 높여가면 뇌에서 세로토닌과 도파민이 분비되면서 더 많은 양의 유산소 운동을 해도 잘 적응하게 된다. 그럼 당신은 계속 운동을 하게 될 것이고 당신의 운동지수는 정상을 유지할 것이다.

'보약 3첩보다 단 하루의 가을 등산이 낫다.'는 말이 있다. 운동의 중요성을 의미한다. 운동을 하면 건강한 몸을 유지할 수 있고 건강한 몸을 기반으로 성공을 꿈꿀 수 있다. 우리의 뇌는 새로운 것을 좋아하는 반면, 기존의 나쁜 습관을 버리는 것도 싫어한다. 많은 사람이 귀찮아하고 하기 싫어하는 운동을 해서 정상인의 운동지수를 유지함으로써 당신의 건강을 지켜야 한다.

걷기, 달리기, 아이스 스피드 스케이팅, 인라인 스케이팅, 자전거, 수영 등 유산소 운동은 심장질환을 예방하고 체내 지방을 감소시킨다. 또한 혈액 속 중성지방을 소비하고 뇌 기능을 활성화하여 기억력을 향상시켜 치매에 걸리지 않게 한다. 규칙적인 운동을 통해 운동지수를 정상인 수준으로 유지하라.

당신의 최애 운동은 무엇인가?

. . .

"우리의 뇌에는 운동을 위한 코드가 새겨져 있다. 우리의 뇌는 이런 행동을 명령하도록 설계되어 있다. 운동을 하지 않으면 우리는 50만 년 넘는 시간 동안 정교하게 맞춰온 생물학적 균형을 무너뜨린다."

레이티, 하버드대학교 교수

세계보건기구(WHO)는 신체활동 부족이 사망과 장애의 10대 원인 가운데 하나라고 말했다. 매년 전 세계에서 2백만 명 이상이 운동부족으로 사망하고 성인의 60~85%가 건강한 몸을 만들 수 있는 충분한 신체활동을 하지 않는다고 했다.

운동은 만병의 근원인 스트레스 백신으로 체력, 면역력, 정신력을 키운다. 운동이 심장병, 뇌졸중, 암 등 질병으로 인한 사망률을 낮춘다는 실험 결과도 있다. 누구나 시간만 나면 돈을 들이지 않고도 할 수 있는 달리기, 걷기, 인라인 스케이팅 같은 유산소 운동을 할 수 있다. 유산소 운동을 규칙적으로 하는 사람은 혈압을 정상수준으로 유지하여 심혈관계 질환을 예방할 수 있다. 유산소 운동은 뇌의 해마 뉴런 수를 증가시켜 뇌 네트워크를 치밀하게 하여 기억 및 학습능력을 향상시킨다. 운동으로 생성된 뉴런도 자극을 주지 않고 방치하면 소멸한다. 뉴런 소멸을 방지하기 위해 독서, 학습 등의 반복적 자극을 주어야 한다.

당신의 최애 운동은 무엇인가? 나의 최애 운동은 아이스 스피드 스케이팅이다. 이 운동을 시작한 건 무릎관절이 좋지 않아서다. 빙판에서 자칫 실수하면 크게 다칠 수 있는 운동이라 온 신경을 집중해서 탄다. 몰입을 경험하고 싶고 집중력을 키우고 싶은 사람에게 스피드 스케이팅은 최고의 운동이다. 스피드 스케이팅은 성인병 예방에 도움이 되는 허벅지 근육을 강화시켜준다.

처음 스피드 스케이팅을 접한 것은 1983년 육사 생도 때이다. 육사에서는 매년 겨울철이 되면 육사 인근의 태릉골프장 안에 있는 호수 물을 얼려서 스케이트장으로 만들었다. 스케이팅은 생도들의 체력을 강화하고 공부와 훈련으로 인한 스트레스를 해소할 목적으로 시행되었다. 강원도, 서울, 경기도 출신의 생도들은 겨울이면 스케이트장에서 스케이팅을 즐길 기회가 많은 편이라 대부분 스케이트를 잘 탔다. 남부지방 출신의 생도들은 겨울 기온이 높아 얼음이 얼지 않다 보니 상대적으로 스케이트를 접하기 쉽지 않았다. 그러다 보니 남부지방 생도들은 스케이트를 타는 시간보다 벤치에 앉아있는 시간이 더 많았다. 나 또한 일명 '벤치파'였다. 벤치파는 자세도 엉망이고 스케이팅에 필요한 근력도 없다. 벤치파를 위한 스케이팅 강습도 없었을뿐더러, 강습 강사가 있었다 하더라도 300명이나 되는 사관생도를 가르친다는 것은 불가했을 것이다.

강원도에서 군 생활할 때는 스케이트 타는 것을 즐겼다. 스케이트를 열심히 타면 잘 탈 수 있을 것이라 생각했는데 이것은 반은 맞았다. 제대로 배워서 정확한 자세로 타야 실력이 향상되고 잘 탈 수 있다.

나의 버킷리스트 첫 번째가 1,000권의 책을 읽는 것이고, 두 번째가 스케이트를 제대로 잘 타는 것이다. 두 번째 버킷리스트를 하겠다는 열정으로 나이 57에 66일 동안 매주 토요일, 일요일 오전을 태릉스케이트장에서 보내기로 계획을 세웠다. 66일은 내가 좋은 습관을 만드는 데 필요한 최소 기간이다.

2016년 1월 어느 날 스케이트 동호회 회원이 내게 말을 걸었다. '나이에 비해 스케이트를 열심히 타는데, 그렇게 타면 자세가 더 이상해지고 발전이 없으니 동호회에 가입해서 함께 타면 좋을 것'이라며 동호회 가입을 권했다. 내가 가입한 스케이트 동호회의 회장과 총무는 틈나는 대로 나의 스케이트 자세를 교정해 주었고 기술도 알려주었다. 거기에 내가 빙판에서 스케이팅하는 모습을 동영상으로 촬영하여 보여주면서 자세의 문제점에 대한 솔루션까지 제시해 주었다.

6개월 동안 내 자세는 많이 좋아졌고 스케이팅 실력도 제법 향상됐다. 하지만 여전히 동호회 회원들의 뒤를 쫓아갈 수가 없었다. 회원들에게 붙어서 타려고 힘을 내면 낼수록 잘못된 옛날 자세가 나왔다. 6개월의 짧은 시간 동안 기본 동작을 익힌 사람이 5년 이상 스케이트를 체계적으로 배우고 노력한 사람들과 같은 속도를 내는 것은 당연히 무리였다. 스케이트 레슨과 연습량만이 회원들과 함께 즐길 수 있다는 현실을 인식하고, 빙판 위에 나의 진한 땀방울을 바쳤다.

2019년 2월 동호회 회원들과 스케이트를 탄지 3년이 되었다. 이제는 동호회 회원들이 스피드를 과도하게 올리지만 않으면 1,200m 까지는 함께 탈 수 있는 체력이 만들어졌으나 정확한 자세에 대한 갈증은 여전했다. 처음부터 정확한 자세로 제대로 스케이트를 배우지 않으면 교정하는 것이 엄청나게 힘들다는 것을 뼈저리게 느꼈다. 무슨 운동이든지 처음부터 제대로 배워야 한다. 제대로 배우려면 전문가에게 레슨을 받을 것을 강하게 권한다. 돈 몇 푼 아끼려다 나처럼 고생할 당신의 모습이 떠올라서 하는 말이다.

전문가에게 레슨 받지 않으면 기형적인 동작이 나오고, 당신이 운동하는 모습은 보는 사람의 눈살을 찌푸리게 한다. 당신이 좋아하는 최애 운동은 당신의 스트레스 해소와 건강을 지켜준다.

최애 운동 하나는 처음부터 제대로 전문가에게 배우고 동호회에 꼭 가입해서 회원들과 함께 즐겨라. 그러면 발전한다.

• • •

"많은 시간 동안 열심히 하는 것보다 더 중요한 것은 올바른 방법으로 제대로 노력하는 것이다."
에릭슨 박사

달리기를 최애 운동으로 생각하는 사람은 나의 경험상 다음을 주의해야 한다. 달리기는 무릎 관절에 많은 영향을 주므로 준비 운동을 10분 이상해야 하고, 운동화는 최대한 충격을 잘 흡수할 수 있는 것을 구입해야 한다. 달리는 코스는 흙길이 좋다. 흙길이 없으면 인조트랙, 아스팔트길을 이용한다. 콘크리트 바닥은 대안이 없을 때 마지막으로 이용한다.

콘크리트 도로 위에서 달릴 때는 아무리 좋은 운동화를 신어도 몸의 체중과 달리는 힘으로 생기는 충격하중을 딱딱한 콘크리트 바닥이 바로 받고, 상대적으로 약한 무릎 관절이 이 충격을 흡수하게 된다. 반복되는 충격은 무릎 관절염의 원인이 된다.

나의 경우 육사생도 생활시 전투화나 구두를 신고 콘크리트와 아스팔트 구보를 자주 했다. 콘크리트나 아스팔트 바닥에서는 운동화를 신고 달려도 무릎 관절에 무리가 가는데, 전투화나 구두를 신고 달리는 것은 무릎 관절 마모를 가속화 했다.

군대생활 30년 동안 워밍업과 쿨링다운을 제대로 한 적이 없다. 나이 58이 되어서야 무릎 관절에 불편을 느끼면서 워밍업과 쿨링다운을 제대로 하기 시작했다. 하지만 이런 저런 이유로 관절에서 소리가 났다. 그동안 워밍업과 쿨링다운을 하지 않은 것이 이렇게 나타난 것이다. 내가 운동에서 가장 중요하게 생각하는 것은 워밍업과 쿨링다운이다. 워밍업과 쿨링다운도 운동이다. 매일 운동 전 워밍업 10분과 운동 후 쿨링다운 10분을 실천해서 당신의 관절 마모를 방지하고 운동 중 부상으로부터 몸을 보호하라. 내가 군대생활 30년 동안 축구, 족구, 농구, 테니스, 태권도 등을 하기 전 워밍업과 쿨링다운을 제대로 했다면 지금 무릎관절염으로 고생하지 않을 것이다.

달리기와 걷기는 장소와 무관하게 할 수 있다. 집, 헬스장, 공원, 하천변 등 어디에서나 할 수 있고 심장과 폐 기능을 강화하고 혈액순환을 원활하게 하여 정상적인 혈압을 유지하는데 효과적인 운동이다.

운동은 내적으로 자신감을 주고 외적으로 균형 잡힌 몸매를 유지시켜준다. 나는 스피드 스케이팅을 하여 하체는 자신이 있으나 상체는 운동을 하지 않아 근력이 많이 약해졌다. 운동으로 단단하고 탄력 있는 상체와 하체 근육을 가진 사람들의 몸매를 볼 때 부러운 마음과 존경심까지 든다.

당신에게 최애 운동 하나가 있어야 하는 이유는 무엇일까?

첫째, 운동 시 뇌의 혈류량이 크게 증가하고 세로토닌, 도파민과 같은 신경전달물질이 다량 분비되어 스트레스가 해소되고 정신적으로 안정된다.

내분비학자 한스 셀리는 스트레스를 '정신적·육체적 균형과 안정을 무너뜨리는 외부 자극에 대해 안정 상태를 유지하기 위해 저항하는 반응'이라고 했다. 적당한 스트레스는 중요한 내용을 기억하도록 해마를 활성화한다. 반면 지속적이고 반복적인 스트레스는 해마 신경세포를 물리적으로 손상시켜 심장병, 위궤양, 고혈압, 불면증, 신경증, 우울증 등을 유발한다.

해마는 기억과 학습 기능을 수행하며 뇌에서 중요한 역할을 한다. 과도한 스트레스를 받으면 해마는 스트레스를 해소하는 활동에 집중하고 우선 순위가 떨어진 활동은 통제한다. 때문에 스트레스를 받으면 독서, 글쓰기, 학습능력이 떨어지게 된다.

둘째, 건강과 체력을 유지할 수 있게 한다. 체력 저하는 잦은 피로 유발과 함께 바른 자세를 유지하기 어렵게 하며, 운동 능력을 떨어뜨린다. 근력과 근지구력 증진을 위해서는 웨이트 트레이닝이나 단거리 달리기와 같은 무산소 운동을, 심장과 폐 기능 향상을 위해서는 오래 달리기, 수영과 같이 낮은 강도로 장시간 할 수 있는 유산소 운동을 하는 것이 도움이 된다.

셋째, 삶의 활력을 제공한다. 무엇이든 할 수 있다는 자신감도 삶에 활력이 있을 때 생긴다. 내가 육군본부에서 근무할 때 스트레스와 운동부족으로 인한 건강악화로 중요 직책을 제대로 수행하지 못했다. 그 결과 진급이 되지 않았고 난 내 인생의 활력과 의욕을 상실해 인생 패배자가 된 느낌을 받았다. 신체가 허약하여 기력이 없으면 일에 대한 의욕도 없고 추진력도 떨어진다. 이런 상황에서 운동을 하면 삶의 활력과 의욕을 높일 수 있다.

넷째, 의지력을 기워준다. 일본의 소실가 하루키는 10km 달리기를 하루도 빠지지 않고 30년 동안 계속하고 있다. 정말 근성이 있는 사람이다. 난 하루키의 꾸준한 운동이 그의 의지력을 키웠고 일본 최고의 소설가가 되는 기폭제 역할을 했다고 생각한다. 의지력은 세상의 어떤 어려움도 헤쳐나갈 수 있게 한다. 의지력을 키우는 것 중 하나가 바로 운동이다.

육군사관학교 생도시절 매주 의무적으로 실시했던 10km 완전군장 구보는 나의 의지력을 보통 수준에서 보통 이상의 수준으로 향상시켰고, 소대장 시절 소대원과 매일 실시했던 3km 구보와 태권도, 그리고 중대장·대대장 시절 병사들과 했던 축구는 나의 게으름을 없애고 의지력을 키웠으며 무슨 일이든 시작하면 끝까지 참고 버틸 수 있게 해줬다. 당신도 꾸준히 운동을 하면 당신의 약한 마음이 정해 놓은 한계를 넘어 누구보다 강력한 의지력을 가질 수 있으며, 이 의지력으로 인생에서 성공을 하나하나 일궈낼 수 있을 것이다.

최애 운동이 없다면 만들어라. 당신이 쉽게 할 수 있고, 몸의 상태와 성격에 잘 맞는 운동으로 정하면 된다. 최애 운동은 당신의 스트레스를 해소시켜 삶의 질을 한 단계 높여주고, 당신의 인생을 행복하게 만들 것이다.

운동을 즐기는 사람

· · ·

"많이 아는 사람은 좋아하는 사람을 이길 수 없고, 좋아하는 사람은 즐기는 사람을 이길 수 없다."

공자

골프 선수들은 경기 시간의 86%를 잡념 및 감정과 싸우는데 보낸다. 그들은 경기가 아닌 다른 곳에 집중한다. 운동에 천재성을 갖고 태어난 사람도 운동을 좋아하는 사람을 이길 수 없고, 좋아하는 사람은 즐기는 사람을 이길 수 없다. 프로 골퍼 중에 경기를 즐기는 사람이 몇 명이나 될까? 거의 없을 것이다. 점수에 대한 강박증으로 매 순간 힘이 들어가는 것이 사실이다. 장타자의 경우 힘이 들어가면서 근육이 경련되어 오비가 나거나 원하는 방향이나 거리에 도달하지 못하는 상황이 종종 발생한다. 이런 경우 프로선수도 평정심이 무너질 수 있다. 그래서 프로 골퍼들도 멘탈 전담코치를 고용하거나 멘탈 관리 교육을 받는다.

모든 운동은 힘이 들어가거나 의욕이 지나치면 원하는 결과를 얻을 수 없다. 운동을 하면서 즐기는 사람이 동반자와 실력이 비슷하다면 즐기지 않는 사람보다 승률이 높다. 대부분의 사람들은 큰 상품이 걸려있지 않더라도 시합을 하면 저절로 승부욕을 갖게 된다. 당연히 경기에서 이기고 싶어 한다.

운동을 즐기는 사람은 운동을 잘하는 사람일 수도 있지만 운동 자체가 좋아서 몰입하는 사람이다. 운동에 몰입하는 사람은 승부를 떠나서 진정으로 즐기는 사람이다. 나는 운동을 즐기려고 노력한다. 그래서 스피드 스케이팅을 하고 있다. 테니스는 상대와 네트를 사이에 두고 이기는 것을 경쟁한다. 골프는 동반자가 함께 경기를 하면서 점수 관리를 한다. 잘 되고 안 되는 것은 모두 자신의 책임이지만, 내기를 하는 경우는 다르다. 내기 룰에 따라 돈을 잃기도 하고 따기도 한다. 나의 경우 골프를 할 때 승부욕이 강해서 어깨에 힘이 들어가고 타수 관리가 안 되어 돈을 잃는 경우가 많았다. 작은 돈이라도 잃으면 기분이 좋지 않고 스트레스를 받는다. 그래서 스트레스를 안 받으면서 무릎 관절을 보호할 수 있는 운동을 찾게 되었다. 그것이 스케이팅이다. 스케이팅은 다른 사람과 경쟁하지 않고 즐기면서 할 수 있다. 스케이트를 타면서 자세가 좋고 폼이 예쁜 사람을 벤치마킹해서 배울 수도 있다. 스케이트 동호회에서는 자세가 이상하거나 속도가 나지 않는 동호회 회원들을 관심 갖고 지도를 해준다. 고마운 일이다.

나는 코로나19로 태릉스케이트장이 휴장하기 전까지 국가대표로 은퇴한 코치로부터 개인레슨을 받았다. 사람인지라 욕심이 생기다 보니 남보다 멋진 자세, 빠른 속도로 타고 싶었다. 진정으로 즐기는 사람은 자세와 속도에는 관심이 없다. 그냥 빙판위에서 움직이는 것만으로도 만족한다. 남을 의식하지 않고 몰입하면서 운동을 즐기는 사람이 진정 멋있는 사람이다. 나도 그런 사람이 되고 싶으나 쉽지 않다. 욕심을 내려놓고 즐기는 사람이 진정 깨달은 사람이다.

스케이트 동호회에서는 팩을 한다. 팩이란, 패키지의 약자이다. 리더의 뒤를 따라 여러 명의 동호회 회원들이 리듬에 맞춰 스케이팅을 하는 것을 말한다. 동호회 회원들이 모두 잘 타서 속도를 늦춰주면 팩을 따라 갈수 있는데, 그렇지 않은 경우는 힘들다.

팩을 따라가려면 동호회 회원의 물결같은 스케이팅 리듬에 맞춰야 하고 속도가 있어야 한다. 나의 작은 꿈은 동호회 회원들과 함께 팩을 즐기는 것이다. 그러기 위해서는 레슨, 연습, 그리고 연습만이 답이다.

나의 운동경험으로 비춰봤을 때, 나는 운동을 즐기기 위해서는 다음 세 가지를 해야 한다고 생각한다.

첫째, 남들과 함께 재미로 운동을 할 때 이기려고 기를 써서는 안 된다. 필자가 군대생활을 할 때 주말에 골프 라운딩을 지인들과 하는 경우가 많았다. 18개 홀 내내 내기를 하지 않으면 재미가 없다고 꼭 내기를 하자고 하는 사람이 있었다. 당시의 나는 골프 실력은 내세울 것이 없었지만 승부욕이 강해서 돈을 잃지 않아야겠다는 생각에 푹 빠져 골프를 했다.

녹색 잔디, 예쁜 꽃, 파란 하늘과 같은 아름다운 자연경관을 즐기지 못하고 온통 몇 푼 되지 않는 돈에 목숨이라도 건 것처럼 모든 신경을 집중했다. 참 미련한 행동이었다. 골프 라운딩을 하면서 자연의 아름다움은 제대로 만끽하지 못했고, 지인들과의 재미있는 담소도 신경 안 쓰고, 오직 이기는 데에만 몰두했다. 그렇게 라운딩하는 4~5시간이 의미 없이 날아간 것이다. 거기에 돈을 잃고 점수가 나쁠 때는 기분까지 최악이었다.

당신은 승부욕이 강한 사람인가? 그렇다면 스스로에게 주문을 걸어야 한다. 주변사람과 즐기는 운동을 하겠다고 말이다. 그렇지 않으면 당신은 이겨야 한다는 압박으로 당신의 귀중한 시간을 스트레스 속에서 보내게 되고 무의미하게 낭비하게 된다.

둘째, 남들과 경쟁하는 운동은 가능한 피하라. 당신이 승부욕이 강한 사람이라면 남들과 경쟁하는 운동을 피해야 한다. 혼자할 수 있는 운동을 하는 것이 정신건강에 좋다. 남을 이겨야 한다는 생각으로 운동을 하면 스트레스 호르몬인 아드레날린만 분비하여 당신을 짜증나게 하고 쉽게 지치게 하며 집중을 못하게 한다. 만약 당신이 운동의 실력자라면 매 경기마다 이겨서 세로토닌, 도파민과 같은 좋은 호르몬이 분비되겠지만, 항상 이길 수 없다는 것을 당신은 잘 알 것이다.

승부욕이 강한 사람일수록 경쟁하는 운동에서는 이겨야 한다는 스트레스로 인해 행복감을 느낄 수 없다. 내가 아이스 스피드 스케이팅을 시작한 것은 승부욕이 강한 나를 행복하게 해주기 위해서다. 스피드 스케이팅은 내가 최고로 좋아하는 운동이다. 내가 활동하는 스케이트 동호회에서는 기록을 재거나 경합을 하지 않는다. 대신 난 좋은 자세를 만드는데 집중하면서 즐기게 됐다. 그렇게 스케이트를 타면 나도 모르는 사이 온 몸에서 진한 땀이 난다. 승부욕이 강한 사람은 빠른 발전은 있겠지만, 스트레스의 연속으로 운동을 즐길 수는 없다.

당신의 짧은 인생, 작은 것을 이기기 위해 긴장하면서 살고 싶은가? 나는 30년을 좁쌀만 한 마음으로 무엇이든 이기기 위해 목숨을 걸고 살았다. 그래서 화병에 걸리고 혈압약도 먹고 종합병원에서 심장 검사도 받았다. 당신의 건강을 좀먹는 운동을 해서는 안 된다. 역효과다. 안 하는 것보다 못하다는 이야기다. 누구나 상대를 이기고 싶어 한다. 작은 것을 이기려고 힘과 기운을 빼지 마라. 스트레스도 받고 건강도 잃는다. 스트레스 상태에서의 운동은 운동이 아니고 독이다. 왜냐고? 스트레스는 만병의 근원이기 때문이다. 책을 읽고, 사색을 하고 명상을 하면서 자신을 성찰하고 당신이 진정 즐길 수 있는 운동을 생각해 보라.

셋째, 기도와 명상을 하면서 운동을 즐겨라. 운동하는 데 무슨 기도냐고? 운동을 즐기지 못하면 건강을 해치게 되고 동반자를 불쾌하게 할 수 있기 때문이다. 당신에게 당신의 건강과 행복보다 더 중요한 것이 있는가? 그래서 나는 운동 전에 기도하는 것을 권한다. 운동을 즐기려면 기도와 명상을 수시로 하는 것이 좋다. 승부욕이 강한 사람은 더 자주 하길 바란다. 승부욕을 잠재워 달라고 기도하라. 남과 더불어 행복하게 즐기는 운동, 상대를 배려하는 운동을 하게 해달라고 기도하라. 당신의 승부욕 때문에 동반자는 너무 힘들다. 그러니 지인과 함께 행복하게 운동을 즐기고 있는 자신의 모습을 이미지 트레이닝 하라. 이기려고 용을 쓰는 모습은 추하다.

운동하는 시간 내내 운동을 즐기는 사람은 대단한 사람이다. 도를 통한 사람이라 해도 과언이 아니다. 자신의 감정을 순간순간 조절하는 것은 쉬운 것이 아니기 때문이다. 친구와 탁구를 친다고 생각해 보자. 지는 사람이 점심을 사는 것을 룰로 만들었다. 아무리 당신이 탁구를 즐긴다고 하더라도 내기가 걸려 있는데 즐길 수 있겠는가? 즐기는 것은 쉽지 않다. 골프는 어떤가? 돈 내기를 하면 당신이 골프 고수라 하더라도 즐기기보다 돈을 따는데 온 신경을 집중할 것이다. 프로 골퍼들이 점수판을 안 보는 이유가 무엇이라고 생각하는가? 상대의 점수를 보는 순간 욕심이 들어가면서 즐길 수 없을뿐더러, 스트레스가 몸을 긴장시켜 성적이 더 나빠지기 때문이다.

운동을 즐기는 사람은 심신이 건강하고 멋있는 사람이다. 스트레스를 받지 않고 주변사람에게도 편안함을 준다. 엔돌핀이 생성되고 혈액순환도 잘 된다. 운동을 즐기길 원한다면 독서, 명상, 기도 등을 통해 마음을 수련하는 것을 병행하라. 운동에서 이기는 것보다 즐기면서 건강을 지키겠다는 생각을 운동하는 동안 매 순간 해야 한다. 인간의 마음은 매 순간 사사로운 욕심이 생기기 때문이다.

세 번째 66일 혁명
관계 혁명

당신의 관계지수는?

* * *

"사람의 가치는 타인과의 관계로서만 측정할 수 있다."

프리드리히 니체

　당신은 얼마나 많은 사람과 관계를 맺고 있는가? 당신 스스로 판단할 때 당신의 관계지수는 얼마나 된다고 생각하는가? 가족, 부부, 친구, 직장동료 등 지인과의 관계지수가 좋으면 인생을 행복하게 살고 건강한 몸으로 장수한다고 생각하는가? 나는 관계가 좋은 사람은 100% 장수한다고 생각한다.

나의 37년 직장생활 경험을 비춰볼 때 관계 때문에 힘든 적이 많았다. 어떤 때는 싸우고 직장생활을 그만둘 것인지, 아니면 참고 직장생활을 계속할 것인지 고민도 했다. 상대방이 나의 영혼을 공격하는 말에 자존감이 바닥을 칠 때는 분노가 치밀어 올라 일명 멘탈이 나간 적도 있었다. 이렇게 상처 입은 나의 영혼은 한 달, 두 달, 1년, 30년을 고통 받았다. 인간의 뇌는 포맷할 수 없기 때문이다. 누군가 인간의 뇌를 포맷할 수 있는 발명품을 만든다면 세계 최고의 부자가 되는 것은 시간문제일 것이다. 뇌를 포맷할 수 있다면 사람들은 자존감이 바닥을 쳤던 기억, 왕따를 당했던 기억, 너무나 슬펐던 기억 등을 가장 먼저 지우고 싶어 할 것이다. 이것은 평생 우리를 따라 다니면서 괴롭히니 말이다.

관계지수는 당신이 사는 공간 내에서 주변 사람들과 얼마나 잘 지내는지를 나타내는 지수로 '공존지수'라고도 한다. 하버드대 성인 연구소는 1930년대 이후 하버드대 졸업생과 미국 보스턴 주의 가장 빈촌에서 태어난 사람 724명을 대상으로 연구했다. 이 연구소는 인생을 건강하고 행복하게 살았던 사람은 모두 좋은 관계를 가진 사람이었다고 연구결과를 발표했다. 90세 이상의 장수한 사람들은 가족관계, 부부관계, 친구관계가 좋았고, 관계가 좋지 않은 사람은 우울증과 각종 질병에 시달리다 죽었다고 연구소는 밝혔다.

성공한 사람들 중 87%는 인간관계가 좋다는 연구결과가 있다. 성공한 사람들은 서로 도움을 줄 수 있는 사람들과 관계를 맺는다. 인생의 성패를 좌우하는 멘토와의 관계는 더욱 각별했다. 그들은 술 마시고 수다를 떨기 위해 인간관계를 형성하지는 않았다. 인생의 먼 길을 가는 과정에 꿈과 목표달성을 위해 인간관계를 맺었다.

나의 관계지수는 보통이다. 가족과 형제를 제외하고 좋은 인간관계를 유지하고 있는 사람은 초등학교 동창 3명, 중학교 동창 2명, 고등학교 동창 7명, 육사 동기 10명, 군 생활 전우 12명, 민간직장 동료 15명, 미국친구 3명이다. 몇 명되지 않는 지인들이지만, 좋은 인간관계를 지속적으로 유지하려면 많은 노력이 필요하다. 바쁜 생활로 서로 연락을 못하는 경우 관계가 소원해지면 서로에게 잊혀지게 된다.

2004년 아프가니스탄에서 파병생활을 할 때 사귄 미군 피터슨 소령과는 아직도 친구관계를 이어가고 있다. 나는 아프가니스탄 미군 바그람기지에 주둔하고 있는 미군 44공병단 참모회의에 매일 참석해 한국군 다산부대 3진의 프로젝트 추진 현황과 문제점, 대책, 향후 계획을 영어로 브리핑했다. 참모회의 후 작전장교 피터슨 소령은 나의 영어 발음이 많이 부드러워졌다며 칭찬을 아끼지 않았다. 기분이 좋았고 감사했다. 좋은 친구란 이렇게 격려하며 성장하는 것이라는 생각을 했다. 그동안 미군 참모회의에서 영어 브리핑을 많이 했지만 어느 누구도 나의 발음에 대해 이야기해주지 않았다. 파병기간 내내 피터슨 소령은 아프가니스탄에서의 미군의 전반적인 상황과 탈레반 세력의 동향 정보를 내게 알려주었다. 주말에는 바비큐 파티에 나를 초대해 파병생활의 외로움을 달래주었다. 피터슨 소령 덕분에 어려움 없이 파병생활을 마칠 수 있었다.

한미연합군사령부에서 근무할 때 업무 카운터파트너였던 미국 친구 존은 전역 후 하와이에 살고 있다. 우리는 이름을 부르지 않고 프렌드라고 서로를 부른다. 난 이 미국 친구와 매주 토요일 메신저로 화상 통화를 한다. 우정도 돈독히 하고 서로의 근황도 확인할 수 있고 정보도 공유하고, 영어 능력도 향상되어 좋다. 미국 친구와 한번 통화하면 40분이 순식간에 지나간다. 매일 영어를 사용하지 않아서 그런지 나의 말하는 속도는 빠르지 않다. 그래도 듣는 것은 철학이나 법학 내용을 이야기하는 것이 아니라 쉬운 편이다. 미국 친구가 하와이대학교에서 농업공부를 하고 있다는 이야기, 코로나 백신을 접종했다는 이야기, 한국이 중국과의 수출입 규모가 크다는 이야기, 코로나19가 끝나면 가장 먼저 한국에 오겠다는 이야기, 힘들었던 군대 관련 이야기 등 우리의 대화는 그때그때 주제가 다르다.

최근 나는 새로운 관계를 맺어가고 있다. 블로그를 통해 영어 원서 읽기 모임에 참석하고 있는데 나보다 젊은 사람들과 영어원서 소설책 1권 완독을 목표로 좋은 관계를 유지하고 있다. 매일 5분 분량의 녹음 내용과 1쪽 분량의 영어문장을 단체 카톡방에 올리고, 2주에 한 번씩 카카오 톡 줌을 통해 영어원서를 읽고 배운 것과 느낀 점을 말하고 정보를 공유한다. SNS를 통해 서로 격려하고 격려 받는다. 코로나19로 인한 비대면 상황에서도 SNS를 통해 선한 영향력을 주고받으며 관계도 맺고 영어실력도 향상시킬 수 있어 비용대비 효과가 매우 높다. 무엇보다 이 모임을 통해 새로운 관계 형성을 해 나간다는 것이 내겐 참 의미가 있는 일이다.

기업을 운영하는 CEO들은 비슷한 사업체의 오너들과 주기적인 모임을 갖는다. 이들은 모임을 통해서 미래를 예측하고 미래에 필요한 업종으로 변신을 위한 노력을 한다. 변화하지 않으면 도태된다. 고 이병철 회장은 새로운 트렌드의 업종으로 계속해서 변화를 시도했다. 설탕 공장 설립, 휴대폰 공장 설립, 반도체 공장 설립 등이 가능했던 것은 외국 회사와의 지속적인 관계를 통한 정보와 아이디어가 있었기 때문이다. 무한 경쟁시대에서 기업이 성장하기 위해서는 기업 간의 좋은 관계 유지와 훌륭한 인재 영입, 지속적 윈윈 관계유지가 중요하다.

고인 물은 썩는다. 썩지 않기 위해서는 물은 계속 흘러야 한다. 인간관계도 마찬가지다. 자신의 발전에 도움이 되는 인간관계를 계속해서 만들어가야 한다. 안정된 곳에 머물러 있으면 평생 자신의 한계를 극복할 수 없다. 한계는 자신의 생각이 정한 것이다. 생각을 바꾸면 경계선 밖에서 자신의 원대한 꿈을 이룰 수 있는 관계를 만들 수 있다. 안정된 곳의 관계에서 경계선 밖으로 관계를 확장시키는 노력이 필요하다. 기업체를 예로 들면, 삼성전자의 경영진은 세계의 석학들과 유대관계를 구축하여 새로운 트렌드를 예측하여 신상품을 연구 개발하는 노력을 게을리 하지 않는다. 이렇게 삼성은 과거 많은 대기업 중 현재까지 살아남는 기업이 되었고, 계속해서 1등 기업의 자리를 굳혀나가고 있다.

죄수에게 가장 큰 형벌은 교수형이 아니라 독방에 있게 하는 것이다. 어떤 사람은 무인도에서 혼자 사는 것을 좋아할 수도 있다. 그것이 좋다면 실행해 보라. 얼마 지나지 않아 당신은 외로워 미칠지도 모른다. 인간은 인간끼리 주고받는 에너지와 자연으로부터 받는 에너지로 살아간다. 당신이 친구관계를 단절한다 해도 또 다른 관계를 만들어 거기에 집중할 것이다. 컴퓨터나 휴대폰으로 유희영상을 보거나 게임을 즐길 것이다. 이러한 영상물은 누가 만들었는가? 그것은 어느 누군가의 창작물이다. 결국 당신은 혼자 있는 것이 아니고 인간의 혼과 열정이 담겨 있는 발명품, 오락물과 함께 한 것이다. 당신은 다른 방식으로 인간관계를 맺고 있는 것이다.

성공자의 삶을 살기 위해서는 관계지수를 높여야 한다는 것은 누구나 알고 있다. 귀인을 만나면 인생이 풀린다. 귀인을 어떻게 만날 것인가? 당신이 가만히 있는데 길가다가 당신에게 '내가 귀인이다.'라고 말을 걸어줄 거라고 생각하는가? 어떻게 만날 것인가? 『읽어야 산다』의 저자 정희일은 베스트셀러 『꿈꾸는 다락방』의 저자 이지성을 처음 책에서 만났다. 그는 용기를 내어 이지성 작가에게 메일을 보내 직접 만나는 기회를 가졌고, 그 만남은 작가로서의 꿈을 이루는데 큰 역할을 했다. 이지성 작가는 정희일 작가에게 귀인이자 멘토였다. 가만히 있어서는 귀인이나 멘토를 만날 수 없다. 귀인이나 멘토를 만날 수 있도록 관계지수를 높이는 노력을 하라. 노력하면 좋은 인연을 만날 수 있다.

좋은 관계를 만드는 법

· · ·

"예쁘게 말을 하니 좋은 사람이 왔다."

작가 심희정

인간은 관계 속에서 성장하고 발전하는 반면 적대감, 좌절감, 수치심으로 자살을 하거나 우울증으로 고통을 받기도 한다. 우리는 인간관계에서 완전히 벗어날 수 없다. 요즘 TV에 〈나 혼자 산다〉를 방영하는데 나 혼자 사는 사람은 관계가 없을까? 관계가 없다면 모든 것을 혼자서 해결해야 하는 데 그렇지 않다. 누군가로부터 생필품을 구매하고 자신이 가진 것은 누군가에게 팔기도 한다. 그들은 관계가 보통사람보다 적을 뿐이지 관계를 하지 않는 것은 아니다.

직장에서 관계를 줄일 수는 있다. 하지만 피할 수는 없다. 직장에서의 인간관계는 단절하면 할수록 힘들어지고 결국은 버티지 못하고 퇴사하는 상황에 이르기도 한다. 직장에서 동료는 나의 거울이다. 내가 동료에게 화내면 동료도 나에게 화를 낸다. 거울을 보고 찡그려 보라. 거울도 당신에게 찡그린다. 그래서 직장에서 '나의 동료는 나의 거울'이다. 내가 관계하는 사람들에게 미소를 지어보라. 그들도 당신에게 미소 지을 것이다.

경영학의 칭시지 피터 드러커는 "조직은 이력서에 기재된 스킬만을 보고 지원자를 채용하지 않는다. 이유는 스킬이 뛰어나다고 해도 윤리기준이 애매하거나 견고하지 못하고 신뢰할만하지 않은 사람들이 있기 때문이다. 경영자들은 믿을 수 있고 착실하며 똑똑하고, 적응력이 뛰어나며 유연하게 대처할 줄 알고, 효과적으로 일하기 위해 무엇이든 기꺼이 배우려고 하는 사람을 채용하려고 한다. 그리고 그런 사람들과 협력관계나 파트너십을 맺으려고 한다."고 했다.

여기서 피터 드러커는 직장에서 필요한 인간관계 요건을 제시했다. 신뢰, 도덕성, 업무능력, 적응력, 유연성, 열정, 태도 등이 그것이다. 신뢰, 업무능력, 적응력과 유연성은 상급자, 동료, 하급자와 좋은 관계를 유지하기 위해 필수적인 요소다. 직장에서 신뢰받지 못하고 적응하지 못하고 업무능력이 부족하고 유연성이 떨어지는 사람은 우울증, 강박증, 자해, 자살로 이어질 수 있다.

직장생활에서의 인간관계는 조직과 개인의 승패를 좌우할 정도로 강력하다. 좋은 인간관계는 용기, 사랑, 기쁨 등 강한 에너지의 의식을 만들어 낸다. 반면 나쁜 인간관계는 우울증, 좌절감, 수치심 등 낮은 에너지 수준의 의식을 만들어 낸다. 높은 에너지 수준의 의식은 삶에 활력을 주지만 낮은 에너지 수준의 의식은 자존감 저하를 야기한다.

나는 37년 동안 직장생활을 하면서 좋은 인간관계를 만들기 위해서 가장 필요한 것이 다음 여덟 가지라고 생각한다.

첫째, 예절 바른 사람이 되어야 하고 상대방을 보고 싶은 것만 보지 말고 360도 다양한 각도에서 보아야 한다. 예절 바른 사람이 정말 똑똑한 사람이다. 이유는 예절 바른 사람이 성공하기 때문이다. 가정교육이 제대로 된 집안에서 자란 사람은 인사성이 밝다. 나는 인사를 제대로 하지 않는 사람을 보면 가정교육을 의심하게 된다. 인사하는데 5초도 안 걸린다. 5초가 아까운가? 5초가 당신의 성공을 좌우한다. 자존감이 강해서 상급자에게 고개를 숙여 인사 할 수 없는가? 타고난 유전자가 나쁘다고 생각하는가? 로마에 가면 로마의 법을 따르라고 했다. 직장예절을 지켜야 한다.

모든 사람의 행동은 가정에서 배운 대로 나타난다. 장병혜 작가는 『아이는 99% 엄마의 노력으로 완성 된다』라는 자신의 저서에서 가정교육과 인성의 중요성을 잘 설명하였다. '수신제가 치국평천하'를 잘 알 것이다. 자신의 몸을 닦는 것이 가장 먼저다. 인사 잘하고 예절 바른 말과 행동을 하며 도덕성이 있는 좋은 인성을 갖추는 것을 말한다. '인성이 좋은 사람이 가장 많이 배운 사람'이다.

인간관계에서 인사는 자동차에서 기어오일, 엔진오일과 같은 윤활유의 역할을 한다. 자동차에서 기어오일과 엔진오일이 없다면 자동차는 몇 바퀴도 못 굴러간다. 인사는 업무능력보다 더 강력한 효과를 가지고 있다. 사무실에서 인정받기 위해서는 인사부터 잘하라. 인사를 제대로 하지 않았을 때 사무실 분위기는 얼음장 같다. 활기찬 사무실 분위기를 위해서 상호 간에 정성이 담긴 인사를 해야 한다.

우리는 상대방이 어떤 행동을 했을 때, 360도 각도에서 전체적으로 보지 않고 자신이 보고 싶은 것만 보고 비난하거나 질책을 하기도 한다. 비난과 질책을 하기 전에 상대방의 입장에서 '왜 그렇게 했을까'를 생각하라. 상대방의 단면만 보고 추측하지 말고 전체적인 면을 보아야 한다. 공동묘지에 이유 없이 죽은 사람이 없다. 이유가 무엇인지 들어보고 360도 각도에서 잘한 점과 잘못된 점을 따진 다음 책임을 물을 일이 있으면 그때 물으면 된다.

. . .

"신조차 한 사람을 심판하려면 그 사람의 사후까지 기다린다."

닥터 존슨, 영국의 대문호

둘째, 업무능력을 갖추어야 한다. 직장에서 업무능력이 떨어진 사람을 잘 가르쳐서 이용하면 좋겠지만, 바쁘게 돌아가는 회사 특성상 업무능력이 부족한 사람에게는 단순한 업무를 부여하고 중요한 업무는 업무능력이 뛰어난 사람에게 맡긴다. 중요한 업무를 수행하는 사람이 승진이 빠른 것은 당연하다. 직장에서 살아남기 위해서는 업무능력을 배우고 익혀야 한다. 자신이 모르는 부분을 알려줄 선임, 동기, 후임이 있다면 술과 밥을 사주고라도 배워야 한다. 감나무 밑에서 감 떨어지기만 기다린다면 그런 당신에게 가르쳐줄 사람은 없다.

내가 육군본부에서 근무할 때, 한 동료는 문서편집, 엑셀, 파워포인트 능력이 보통 사람보다 많이 부족해서 다른 사람이 한 시간이면 할 수 있는 업무를 새벽 3시까지 하는 것을 보았다. 그는 약 6개월 동안 새벽 2~3시까지 문서편집, 엑셀 등을 익히면서도 업무를 포기하지 않았고 결국 보통장교들의 업무수행능력 수준까지 도달했다. 그는 대령으로 진급을 했다.

피터 드러커는 "일은 인격의 연장이다. 일은 성취를 목적으로 한다. 일은 자신을 정의하고, 자신의 가치와 인간성을 가늠하는 방법 중 하나"라고 했다. 우리의 삶은 일과 분리해서 생각할 수 없다. 인간이 존재하는 이유이기도 하다. 그래서 일을 하거나 업무수행을 하는 과정에서 자신의 육체적, 정신적 고통을 줄이기 위해 남에게 무언가를 배울 때에는 철저히 겸손하고 예절을 갖추어야 한다. 그래야만 한 개 가르쳐 줄 것을 두 개 가르쳐 주고 거기에 요령까지도 알려 준다. 예절을 갖춘 상태로 두드려라. 그러면 열린다.

・ ・ ・

"조직의 생존 열쇠는 결과다."
피터 드러커

셋째, 상급자로부터 부여받은 임무는 최초보고, 중간보고, 최종보고, 수시보고를 해야 한다. 부여받은 업무를 최초보고도 하지 않고 임의대로 판단해서 실시하거나 갑작스럽게 중간보고를 하는 것은 신뢰를 저하시키고 관계를 악화시킨다. 전쟁터에서는 이러한 보고체계를 준수하지 않으면 동맹국 간의 관계가 악화되고 전투력 손실을 초래하며 전쟁 패배의 원인이 된다.

나는 2004년에 아프가니스탄에 파병되어 미군의 전투시설 건설과 지뢰제거임무를 수행하는 미군 공병단 회의에 참석해 우리 부대의 임무수행 브리핑을 매일 했다. 어느 날, 내가 우리 부대의 공사현황과 제한사항을 보고할 때 미군 공병단장이 '오늘 한국군 다산부대는 헬기장 공사를 하지 않았는데 이유가 무엇이냐'고 물었다. 나는 '오늘 온도가 36도 이상의 폭염으로 장병들의 피로가 극심할 것으로 판단되어 임시휴일을 보냈다'고 답했다. 그러자 그는 왜 보고 없이 임시휴일을 가졌느냐고 따져 물었다. 보고하지 않고 하루 쉰 것에 대해 나는 잘못을 인정했고, 그것으로 일단락되었다. 그는 나에게 자신을 깜짝 놀라게 하는 일이 다시는 발생하지 않기를 바란다고 당부했다. 병사들의 임시휴일 관련 내용 보고를 했더라면 서로 얼굴 붉히는 일은 없었을 것이다.

우리는 살아가면서 크고 작은 실수를 한다. 업무수행 간 큰 일이든, 작고 사소한 일이든 지휘계선에 있는 사람에게 보고하거나 알려주는 것을 잊어선 안 된다. 작고 사소한 문제가 큰 문제로 확대되고 크게는 인적, 물적, 시간, 에너지의 손실을 가져오고 신뢰를 저하시킨다.

넷째, 어여쁜 말, 향기 나는 말, 따스한 온도의 말, 격려하는 말을 하고 칭찬하고 격려하라. 어여쁘고, 향기 나는 따스한 말, 격려하는 말은 나와 같은 공간에 있는 사람에게 평안함과 행복감을 느끼게 한다. 화살이 과녁을 빗나가면 화살을 주워서 다시 쏘면 된다. 하지만 비난하는 말은 한번 쏟아내면 주워 담을 수가 없고 상대방의 자존감과 영혼을 난도질한다. 상대방은 이미 마음에 깊은 상처를 받아서 어떤 말, 행동, 물질로도 치유가 되지 않는다. 그래서 말 한마디로 천 냥 빚을 갚는다고 하는 것이다. 어여쁜 말, 향기 나는 말, 따스한 온도의 말, 격려하는 말은 삶의 의욕을 북돋아 주어 이 세상을 밝게 하는 마력을 갖고 있다. '화살은 심장을 관통하고 매정한 말은 영혼을 관통한다.'는 스페인 격언을 우리의 마음 깊은 곳에 새겨야 한다.

•   •   •   •

"좋은 칭찬 한 마디면 두 달을 살 수 있다."

마크 트웨인

칭찬은 고래도 춤추게 한다. 칭찬을 듣고 기분 나쁜 사람은 없다. 세상에 완벽한 사람은 없다. 처음에는 서툴러 실수를 하기도 한다. 신입사원이 어느 정도의 수준에 올라설 때까지 상급자는 기다리는 인내가 필요하다. 개구리는 올챙이 시절을 잊지 말아야 한다. 조금 미흡하더라도 칭찬하고 격려하고 인정해야 동기부여가 되어 더 열심히 한다.

어떤 사람에게 영향력을 주는 사람의 진심 어린 한마디는 당사자에게는 어떤 자원보다 강력한 힘을 준다. 미국의 링컨대통령이 저격된 후, 그의 호주머니에서 찢겨진 신문기사가 발견되었다. 링컨대통령에게 힘을 주는 내용이 기록되어 있었다. '당신은 역사상 가장 위대한 정치인 중의 한 사람입니다.' 링컨대통령은 대통령 직무를 수행하면서 힘들 때마다 이 글을 읽으며 용기를 냈다고 한다.

나는 매일 14명의 기술인 중 1명 이상을 칭찬하고 있다. 칭찬할 내용을 계속 발굴하다 보면 칭찬할 내용이 차고 넘친다. 창의적이고 논리적인 보고, 관심사항 보고, 적시 보고, 자신만 알고 있는 귀중한 자료 공유, 예상 문제점 사전 보고, 복지관련 내용, 지시사항 적극이행, 식물 재배 등에 대한 칭찬이다.

80세 선배님으로부터 월남에서 전투임무를 수행할 때의 자신의 경험담을 들은 적이 있다. 자신이 부중대장일 때, 중대원 중 한 병사가 수류탄의 안전핀을 뽑고 누군가를 죽이겠다고 소리를 치고 있는 것을 목격했다고 한다. 연병장에는 경계임무수행 준비를 하는 중대원 50여 명이 있었다. 만약 그 병사가 수류탄을 병사들에게 던진다면 엄청난 인명손실과 부대는 최악의 불명예를 겪게 되는 상황이 발생한다. 이 위험한 순간에 부중대장은 평소 자신과 좋은 관계에 있던 그 병사에게 다가가면서 설득했다. 한편으로 그는 죽음에 대한 공포를 느꼈다고 했다. 그는 지금 수류탄을 터트리려는 병사가 비정상적인 상태인데 자신이 나서면 더 위험한 상황이 생길지도 모른다는 생각을 했다는 것이다.

부중대장은 공포심을 억누르고 용기를 내서 병사에게 한발한발 다가갔다. 병사는 가까이 오지 말라고 소리쳤다. 부중대장은 '무엇이 너를 이렇게 만들었니? 나에게 이야기하면 모든 것을 해결해 주겠다'는 말을 하면서 병사에게 접근하여 수류탄을 쥔 병사의 손을 움켜쥐는데 성공했다. 그리고 예비 안전핀을 수류탄에 꼽고, 끔찍한 결과로 이어질 수류탄 폭발사고를 막았다.

수류탄 인명사고가 발생할 뻔 했던 원인은 한 장교의 모욕적인 말에 마음에 상처를 입은 병사가 불만을 갖고 장교와 함께 죽을 생각을 했다는 것이었다.

말 한마디가 사람을 살리기도 하고 죽이기도 한다. 모욕적인 말, 상처 주는 말을 입에 담지 말고 향기 나는 따스한 온도의 말을 사용하는 것을 습관화해야 조직도 살고 나도 산다. 말에는 당신의 인생을 180도 바꿀 수 있는 힘이 있다.

다섯째, 남을 험담하지 말고 화내지 말고 미소 지어라. 험담과 화, 미소는 부메랑이 되어 자신에게 돌아와 자신을 괴롭히기도 하고 자신의 성공을 돕기도 한다. 험담하거나 화를 내어 이익을 본

것보다 손해를 보는 경우가 더 많다. 당장은 스트레스가 해소되었다고 느낄 수 있다. 화풀이를 당한 사람의 아픈 그림자는 원인 제공자에게 곧 돌아온다. 생각해 보라. 화내서 이익을 본 경우가 많은지 그렇지 않은지를. 친구에게 화낸 다음 좋은 관계가 계속 유지되었는가? 당신이 화를 내면 암을 유발하는 노르아드레날린이 분비된다는 것을 아는가? 성경 잠언에 '노하기를 맹렬히 하는 자는 벌을 받는다'고 기록되어 있다.

상급자의 험담을 해서 상급자로부터 칭찬을 들은 적이 있는가? 남을 험담하는 동안 듣는 사람들이 기분이 좋아서 어쩔 줄을 모르던가? 당신은 당신에게 전혀 도움이 되지 않는 바보 같은 일을 하고 있다. 바보짓을 멈추어라. 어리석은 일을 해서는 안 된다. 책을 읽지 않아 지혜롭지 않은 사람은 말을 생각 없이 한다. 자신의 부족함을 감추기 위해 말을 많이 한다. 빈 수레가 요란하다는 말이 맞다. 지혜로운 사람은 경청을 하면서 타인의 생각을 읽고 편안함을 준다. 말을 하고 싶은 사람에게 말할 기회를 줌으로써 스트레스를 해소하게 하고 조직에 기여하게 해야 한다.

나도 군대생활을 할 때 험담을 하기도 하고 화도 내고 불평불만도 했다. 잘못은 내가 하고 상급자, 동료, 후배를 탓했던 적도 있다. 이제는 독서, 사색, 명상, 신앙생활을 하면서 나의 내면과 외면을 조금씩 개선해 나가고 있다. 과거의 지혜롭지 못한 나와 이별하는 노력을 하고 있다. 언제 과거의 잘못된 습관으로 돌아갈지 모르기 때문에 매 순간 나의 내면을 갈고 닦으면서 나쁜 언행이 나오지 않도록 말을 줄이고, 세 번 생각하고 한 번 말하는 것을 실천하고 있다.

웃으면 우리 몸속 650개 근육 중 231개 근육이 움직인다는 연구 보고서 결과가 있다. 미소 지어도 웃는 것과 똑같은 효과가 있고 상대방을 편안하게 하는 마력이 있다. 자주 웃고 미소 지어야 한다. 웃고 미소 지으면 상대방이 당신을 좋아하게 되고 성공의 발판이 된다.

여섯째, 무례하고 교만해서는 안 된다. 겸손해져라. 성경 잠언에 '무례하고 교만한 자는 망령된 자'라고 기록되어 있다. 교만은 인간관계에 악영향을 끼치기 때문이다. 자신이 자신을 칭찬하면 교만이고 타인이 자신을 칭찬해야 칭찬이다. 지금은 자신이 어떤 사람인지 알리는 시대라고 한다. 자신의 패를 보여주어야 다른 사람이 나를 무시하지 못한다고 생각한다. 그리고 상급자가 자신에게 관심을 갖게 하여 승진의 발판이 될 것이라는 기대를 한다.

나는 직장생활을 37년째 하고 있다. 언제나 자기자랑만 하는 교만한 사람은 얄밉다. 그 자리를 피하고 싶다. 당신이 그런 사람이라면 반성하고 그런 행동을 하지 않아야 한다.

일곱째, 자기주장만 내세우지 말고 혼자서 이야기를 독점하지 마라. 자기주장만 내세우고 자신의 이야기만 하는 사람이 많다. 공자는 "함부로 추측하지 않고 자기주장만 고집하지 않겠다."는 말을 매일 실천했고, NBA 농구 감독이었던 필 잭슨은 "다른 사람들에게 당신의 뜻을 강요해서는 안 되고 격려로서 스스로 변화하게 해주어야 한다."고 했다.

지인 한 분은 연세가 78세인데, 모임에서 항상 대화를 독점한다. 다른 사람에게 말할 기회를 주지 않고 혼자서 연속해서 두 시간을 말한 적도 있다. 만날 때 마다 똑같은 말을 한다. 이 분과 만나서 말할 때는 나는 10분만 말씀하라고 부탁한다. 시간도둑이 따로 없다. 이렇게 자신의 말만 하는 사람이 시간도둑이다. 나이 들어 아무도 자신의 말을 들어주지 않는다는 것을 안다. 그것은 자신이 해결해야 할 문제다. 자신의 말을 들어줄 사람이 없으면 말을 들어줄 사람을 고용해서 비용을 지불하면 된다.

대화를 혼자서 독점하는 사람이 유익한 정보를 가지고 말하면 들어줄만 한데, 자신의 일상생활 이야기와 단편적인 지식을 가지고 만날 때마다 똑같은 이야기를 녹음기처럼 말하는 것을 보면 뇌에 문제가 있는가를 의심하게 된다. 주구장창 대화를 독점하는 이유는 무엇일까? 자신이 빈 수레임을 알리고 싶어서인가? 남의 말을 듣는 인내심이 부족한 것인가? 다른 사람이 모두 자신보다 하수라고 생각하는 것인가? 다른 사람을 무시하는 것인가?

여덟째, 상대방은 나와 모든 것이 다르다는 것을 인정해야 한다. 유전자도 다르고 자란 환경도 다르고 교육수준도 다르고 개성도 다르고 좋아하는 것도 다르다. 재능도 다르고 의지력도 다른 독립된 인격체이다. 인생살이에서 실패를 해도 본인 책임이고, 회사에서 조기에 퇴출되어도 본인 책임이다. 당신이 책임져 줄 인생도 아닌데 왜 그렇게 싫은 소리를 하려고 하는가. 이 또한 지나간다고 생각하고 여유 있게 생각하라. 자녀도 내 마음대로 안 된다. 내 마음대로 해서도 안 된다. 하물며 타인의 정신세계를 내 마음대로 움직이겠다는 것은 쉽지 않을 뿐더러 그렇게 해서도 안 된다. 타인은 나와 다른 인격체이기 때문이다. 타인의 말이 맞을 수도 있다는 것을 인정해야 한다. 그러면 많은 사람이 당신을 좋아하고 따를 것이다.

성경에 '주는 자는 후하게 넘치도록 다시 받는다.'고 했고, 작가 시화는 『살면서 의지해야할 9종류의 사람』이란 저서에서 세상은 거울과 같다고 했다. 거울이 사람들의 모습을 있는 그대로 보여주듯이 주변 동료도 마찬가지다. 동료도 당신의 거울인 것이다. 당신이 동료에게 잘하면 그도 당신에게 잘하고 당신이 그에게 못되게 굴면 그도 당신에게 똑같이 대한다는 것이다. 성경이나 시화의 글은 좋은 인간관계를 만드는 법을 제시하고 있다. 우리 각자가 어떻게 상대를 대하느냐에 따라 삶이 행복하거나 불행할 수도 있다는 것을 명심하고 자신의 내면을 갈고 닦으면서 행동으로 덕을 실천해야 한다.

머리와 가슴 사이 45cm 때문에 인간이 힘들다고 한다. 머리로는 이해가 되는데 가슴이 받아들이지 못한다는 것을 의미한다. 격려하라. 상대는 당신을 잊지 않을 것이다. 같은 엄마 뱃속에서 태어나도 모두 다르다. 서로 다른 것이 정상인데 상대방에게 화를 내는 것은 정상이 아니다. 화는 당신의 귀중한 것들을 잃게 하는데, 그 중 건강을 잃는 것이 가장 큰 손해다.

미국의 대법관 클라렌스 토머스는 "바른 예절은 최고의 교육도 열 수 없는 문을 연다."고 했고, 미국 루스벨트 대통령은 "인간을 지력으로만 교육시키고 도덕적으로 교육시키지 않는다면 사회적으로 아주 위험한 존재를 기르게 될 것이다."고 했다. 인성이 없으면 지성은 남을 쓰러뜨리기 위해 사용하는 흉기가 될 수 있다. 우리 모두 원만한 인간관계를 유지하기 위해 바른 예절과 좋은 인성을 최우선 순위에 두어야 한다.

관계가 좋아야 인생이 풀린다

. . .

"대인관계가 성공에 미치는 영향은 85%이고, 지적능력이나 재능이 성공에 미치는 영향은 15%에 불과하다."

미국 카네기 멜론대학

우리의 인생은 관계의 연속이다. 관계가 좋아야 인생이 풀린다. 관계가 좋아서 인생이 풀린 위인으로 세종대왕, 이순신 장군, 링컨 대통령, 오바마 대통령 등이 있다. 이들은 주변 사람들에게 사랑과 배려를 실천했고 원만한 협조관계를 유지하였으며, 자신의 내·외부 갈등을 슬기롭게 해결하면서 자신이 부여받은 업무를 성공적으로 완수했다.

세종대왕은 신하들과 좋은 인간관계를 형성하여 한글을 창제하였으며 성군으로 후대 사람들에게 존경받고 있다. 세종대왕은 한글 창제를 위해 연구하는 집현전 문관들을 주야를 가리지 않고 격려하고 사기를 북돋아 주어 한글이 세상의 빛을 보게 했고, 노비 출신이었던 장영실의 마음을 움직여 충성하게 함으로써 해시계, 물시계 등 발명품을 만들게 했다. 세종대왕은 마음을 움직이는 리더십으로 신하들과 서로 존중하고 배려하는 원만한 인간관계를 만들었다.

이순신 장군은 부하들을 자식처럼 사랑하여 부하들과 좋은 관계를 맺었다. 부하들과 사랑하고 충성하는 인간관계를 바탕으로 세계사에 길이 빛날 거북선을 만들었고 12척의 배로 적선 133척을 무찌르는 대승을 거두었다.

링컨 대통령은 4년 동안의 재임기간 내내 계속된 미국 남북전쟁을 끝내고 미국 땅에서 노예를 해방시켜 모든 미국인이 법 앞에 평등한 삶을 살게 했다. 그의 인간관계에 밑바탕이 되는 훌륭한 성품으로 상원의원, 장관, 장군들의 마음을 얻어서 노예제도 폐지, 남북전쟁 승리의 결과를 일궈냈다. 최상의 전략전술은 싸우지 않고 이기는 것으로 상대방의 마음을 움직여 나의 목적을 달성하는 것이다. 마음이 움직이면 다른 것은 자동적으로 움직이게 되어 있다. 링컨 대통령은 "남을 비판하면 후에 자신이 비판 받는다."고 했다. 그는 대통령 재임 기간 중 그 어느 누구도 비판하지 않았다. 장관 중 그를 비난하는 사람도 있었지만 그들이 그렇게 생각하는 이유가 있을 것이라 생각했고, 자신의 부족한 부분을 인정했다. 시간이 지나면서 링컨을 비난했던 장관들은 어느 누구보다 그를 존경하게 되었다. 남북 전쟁 시 그의 지시를 따르지 않은 장군에 대해서도 전략, 전술적 상황에서 적절한 조치였는지 확인한 후 장군이 계획한대로 부대를 운용하게 했다.

오바마는 대통령 유세 당시 좋은 인간관계를 기반으로 희망과 변화, 우리는 할 수 있다(Yes, We can)를 주장하였다. 그는 대통령 선거에서 64%의 득표율로 미국 역사상 최초의 흑인 대통령이 되었다. 그는 다른 사람의 의견을 중시하고 비판하지 않는 훌륭한 인성의 소유자다. 이것이 그를 다른 대통령 후보자와 차별화했다.

나는 현재 14명의 기술인에게 임무를 주고 감독하는 건설사업관리단장이다. 기술인들 간에 갈등이 가끔 발생한다. 가족 간에도 갈등이 일어나는데 피 한 방울 섞이지 않은 사람과 정신적 갈등이 일어나는 것은 당연한 일이다. 기술인들 간에 정신적 갈등을 최소화하는 노력은 기술인과 관리자가 함께 노력해야 한다. 직장에서 일하는 사람들은 직원들 간의 관계가 악화되면 스트레스로 업무 효율성이 떨어지고 조직과 개인의 발전을 기대하기 어렵다.

2021년 봄, 기술인 정 이사가 퇴사한다고 나에게 왔다. 본사에는 이미 보고했는데 나보고 알고 있느냐고 물었다. 참 황당했다. '현재 나와 근무하는 당신이 나에게 알려주지 않았는데 내가 어떻게 알겠습니까?' 라고 묻고 싶었지만 '이 또한 지나간다'는 솔로몬왕의 말을 되새기면서 꾹 참고 그의 이야기를 들었다. 그가 퇴사한 이유를 설명했다. 황 기술인과 다투고 난 후 결심을 하게 되었다고 했다. 그는 다른 회사에서도 10개월 정도 근무하고 우리 회사로 왔는데, 겨우 3개월 근무하고 퇴사한다고 말해서 뭐 이런 경우가 있나 하는 생각이 들었다. 그는 자신이 역마살이 있는 것 같다는 이야기를 했다. 내가 보기에는 그것은 역마살 때문이 아니었다. 인간관계를 어떻게 풀어나갈지에 대한 생각 없이 직장 생활을 하기 때문이라는 생각이 들었다.

생각 없이 행동하면 행동이 생각을 지배하여 인간관계에서 문제가 발생하고, 생각을 하고 행동하면 생각이 행동을 지배하여 인간관계에 문제가 없고 직장생활을 즐겁게 할 수 있다. 직장에서의 행복과 즐거움은 자신이 만드는 것이다. 철저히 낮아지고 겸손하고 배려하는 좋은 인성을 만들면 직원 간에 화기애애하게 지낼 수 있고 직장 내 문제는 사라진다.

'세상에서 가장 훌륭한 인성은 남에게 피해를 주지 않는 것이다.'라는 문장을 책에서 읽은 기억이 난다. 여기서 남에게 피해를 주지 않는다는 것에는 여러 가지 의미가 담겨있다. 서로에게 친절하게 대하는 것, 자신이 수행하고 있는 업무를 힘들다고 다른 사람에게 떠넘기지 않는 것, 상대방의 말을 경청하는 것, 정성어린 인사를 하는 것, 상급자로부터 임무를 받을 때 공손한 자세를 취하는 것 등이다.

나는 정 기술인의 갑작스런 퇴사 이후 기술인 간의 관계를 좋게 하고 기술인 각자의 관계가 술술 풀리게 하기 위해 다음 두 가지를 실천하고 있다.

하나는, '모든 기술인의 좋은 인성 형성하기' 프로젝트 추진이다. 매일 아침 회의 시 모두가 동시에 인사를 하고, 1분 분량의 인성에 관한 고전 및 교훈 내용을 읽고 생각하는 시간을 갖는다. 이것을 66일 동안 계속하면 기술인 간에도 서로 배려하게 되어 화기애애한 직장 분위기가 형성될 것이라 확신한다.

모든 기술인이 아침에 한 자리에 모여 동시에 서로 인사하는 것은 천 기술인의 불만사항에 대해 솔루션을 찾는 중 생각해냈다. 천 기술인은 자신 보다 어린 사람이 자신에게 하루 종일 인사를 안 하는 것을 보고 기분이 상해서 온종일 업무에 집중하지 못한 적이 있었다고 했다. 이때 이후로 나는 매일 아침 회의 시간에 서로 마주보고 "사랑합니다."라고 인사를 하게 했다. 5초도 걸리지 않는 인사가 우리 자신을 좋은 인격의 소유자로 인정받게 하고 성공자가 되게 한다.

좋은 인성은 사무실 분위기를 화기애애하게 만든다. 좋은 인성은 스스로 내면을 갈고 닦아야 체득되지만 멘토나 관리자의 지속적인 관심으로 업그레이드 시킬 수 있다. 우리의 인성을 판가름하는 것은 우리가 내뱉는 말이다. 성경 잠언에 '다툼을 멀리하는 것이 사람에게 영광이거늘 미련한 자마다 다툼을 일으키느니라. 입과 혀를 지키는 자는 자기의 영혼을 환난에서 보전한다'는 구절이 있다. 우리가 사용하는 언어에는 힘이 있고 온도가 있다는 것을 의미한다. 차가운 말을 하면 상대방이 수치심을 느끼거나 분노하게 됨으로 따스한 온도의 말을 하여 상대방이 편안함을 느낄 수 있게 해야 한다.

말은 놀라울 정도로 정확하게 우리에게 돌아온다는 사실을 명심해야 한다. 우리가 내뱉는 나쁜 말도 좋은 말도 결국 나에게 그대로 돌아온다. 좋은 말을 하면 나에게 좋은 일이 생기게 되니 어떤 상황에서나 좋은 말을 하는 습관을 들여야 한다. 회의에서 고전 및 양서 속의 좋은 말 읽기와 사색을 권하는 것도 잠재의식 속에서 좋은 인성이 뿌리내리도록 하기 위한 것이다.

다른 하나는 자신의 일은 반드시 본인이 처리하고, 모르는 것을 묻는 사람에게 친절하게 가르쳐 주는 것을 실천하고 있다.

우리 모두는 하루 24시간의 귀중한 시간 속에서 살아간다. 자신의 일을 남에게 떠넘기면 상대방은 자신의 귀중한 시간을 잃게 된다. 한두 번 정도는 문제가 되지 않지만 습관적으로 일을 떠넘기면 인간관계가 급랭하게 된다. 일을 떠넘기는 식으로 남에게 피해를 주면 원만한 인간관계를 유지할 수 없다. 자신의 일은 철저하게 자신이 해야 한다. 남이 도와주었으면 그의 귀중한 시간과 에너지 사용에 대한 보상을 해야 한다. 당신이 직장에서 능력이 모자라면 밤을 새워서라도 배우고 익혀야 한다. 어느 누구도 엄마 뱃속에서 업무능력을 배워 나오지 않았다. 당신에게 업무를 가르쳐 주는 사람도 누군가에게 어렵게 배웠거나 혼자서 밤을 세위가면서 익혔다.

관리자는 특정 직원에게만 업무가 몰리지 않도록 해야 한다. 일이 너무 많이 몰리면 육체적 문제가 정신적 문제를 야기 시킨다. 특정한 사람이 능력이 있다고 일을 몰아주면 업무 성과도 떨어지고 사무실 전체의 단결을 저해하는 요인이 된다. 심한 경우 다툼의 원인이 된다. 돈을 많이 주고 승진을 시켜준다면 열심히 하겠지만 그렇지 않은 경우는 어느 누구나 자신의 업무량이 남보다 적기를 바란다.

기술인 웅 이사는 우리와 함께 일하는 발주부서의 일을 처음 하는 사람이다. 그는 이 부서 업무에 대한 경험이 없어 모 이사에게 질문을 했는데, '이런 것도 모르느냐' 식의 모욕을 받고 일주일 동안 가슴앓이를 했다고 하소연했다. 업무를 처음 배우는 사람에게는 자상하게 가르쳐 주는 배려가 있어야 하는데, 많은 사람들이 조금만 알면 교만해지고 거만해지는 경향이 있다.

소크라테스는 "내가 가장 확실하게 아는 것은 나는 아무것도 모른다는 것이다."라고 했다. 그는 고대 그리스의 철학자로 성인이다. 그렇게 지혜로운 사람도 아는 것이 없다고 하는데 우리는 조그만 것 하나만 가지고도 다 아는 것처럼 남을 무시하면서 가르쳐주는 경향이 있다. 가르쳐주더라도 친절하고 상처주지 않는 가운데 가르쳐주어야 배우는 사람이 고맙게 생각한다.

그리고 어떤 상황에서든지 상대를 자신의 의도대로 변화시킬 수 없다는 것을 알아야 한다. 상대를 억지로 바꾸려는 쪽이 결국 지게 된다. 좋은 관계를 유지하기 위해서는 존중, 인정, 경청, 배려, 그리고 기다리는 것이 필수다.

부모는 자녀에게 삶의 방향에 대해 가르쳐줄 때도 자존감에 상처를 주지 않도록 애정으로 지도해야 하고, 자녀가 부모의 생각을 따르지 않으면 스스로 느끼고 깨달을 때까지 기다려야 한다. 자녀는 부모와 100% 다른 독립된 인격체다. 가끔 부모들은 자녀를 자신의 분신인 양 착각하며 행동한다. 이런 행동은 부모와 자식 간의 관계를 멀어지게 한다.

사람은 누구나 자존감을 갖고있다. 그 자존감에 상처를 입으면 관계는 급랭하게 변한다. 그래서 상대를 설득할 때는 존중하고 인정하면서 우회해서 말하거나 완곡하게 표현하는 화술이 필요하다. 〈손자병법〉에서 '싸우지 않고 이기는 것이 최고의 승리'라고 했다. 상호 간에 갈등 없이 원만한 관계를 유지하는 것이 중요하다. 인간관계는 한번 깨지면 회복하기 힘들다. 서로 사랑하고 존중하며 배려해야 모두가 승리할 수 있다.

아이작 뉴턴은 "사람들은 참 많은 벽을 쌓지만, 그에 비해 충분한 다리는 만들지 않는다."고 했다. 좋은 관계 형성을 위해 노력해야 한다. 관계가 좋아야 인생이 풀린다. 관계가 좋지 않으면 그것으로 고민이 많아져서 다른 일이 손에 잡히지 않고 집중할 수가 없으며 인생이 꼬이기도 한다. 직장에서 동료와의 관계가 좋지 않으면 어떨까? 퇴근 후, 자신이 좋아하는 일에 온전히 집중하지 못할 것이다. 자신의 오랜 꿈과 목표를 달성하는데 시간이 걸리는 것은 자명하다. 이제부터라도 나를 낮추고 상대를 격려하며 배려하고, 인정하는 좋은 인성으로 원만한 인간관계를 만들자. 당신의 인생이 술술 풀리게 될 것이다.

좋은 관계를 유지하기 위해서는 우리보다 먼저 인생을 경험한 이들이 남긴 말을 되새길 필요가 있다. 고대 그리스의 철학자 플라톤은 "모든 사람에게 친절하라. 당신이 만나는 모든 사람들도 그들만의 힘든 전투를 하고 있다."며 인간관계에서 친절함의 중요성을 이야기 했고, 미국의 교육자이자 탐험가인 로렌스 굴드는 "남이 당신에게 관심을 갖게 하고 싶거든, 당신 자신이 귀와 눈을 닫지 말고 다른 사람에게 관심을 표시하라. 이 점을 이해하지 않으면 아무리 재간이 있고 능력이 있더라도 남과 사이좋게 지내기는 불가능하다."며 타인에 대한 열린 마음이 가져오는 인간관계에 대해 말했다. 당신의 생각과 행동, 남을 존중하고 배려하는 마음에서 좋은 관계가 형성된다.

네 번째 66일 혁명
의식 혁명

의식을 바꾸면 인생이 바뀐다

· · · ·

"바닷물만큼의 이성보다 한 방울의 사랑이 더 많다."
파스칼

우리가 살면서 직면하는 의식에는 여러 가지가 있다. 깨달음, 기쁨, 사랑, 평화, 용기와 같은 힘과 에너지가 생기게 하는 의식이 있는 반면 수치심, 좌절감, 죄책감, 불안감처럼 힘과 에너지를 빼앗아 가는 의식이 있다. 이 의식들은 우리의 내면에서 동시에, 혹은 다른 시각에 별개로 일어나기도 난다. 불안감이 엄습해 올 때 용기 있는 생각을 하면서 불안하다는 의식을 없애기도 하고, 내면이 평화스럽다가 갑자기 불안해지는 경우도 있다. 이것은 사람들이 틈만 나면 수만 가지 잡다한 생각을 하기 때문에 발생한다.

인간은 나이가 들면서 미래에 대한 불안감은 느낀다. 미래에 대한 불안감은 동물 중에서 인간만이 유일하게 느낀다. 인간은 미래에 일어날 일을 현실에 가져와 계획하고 실천하며 발전해 나가는 유일한 동물이다.

일반인과 신의 경지에 있는 사람은 에너지의 차이가 있다. 신의 경지에 있는 사람은 깨달음, 기쁨, 사랑, 평화 등의 에너지 세기가 높은 의식으로 충만하다. 반면 일반인은 불안감, 죄책감, 좌절감, 수치심, 분노와 같은 에너지 세기가 낮은 의식과 용기, 열정과 같은 에너지 세기가 보통인 의식으로 둘러싸여 있다.

일반인이 깨달음, 기쁨, 사랑, 평화 등과 같은 높은 에너지 세기의 의식을 갖으려면 독서, 글쓰기, 기도, 명상, 종교 활동, 봉사 활동 등을 통해 자신을 수련해야 한다. 독서, 글쓰기, 기도, 명상 등의 수련은 우리에게 높은 에너지의 의식을 갖게 하고 행복한 삶을 살게 하는 기운과 에너지를 제공한다.

나의 경우 책 500여 권을 1년 만에 읽고 나서 내가 그동안 에너지가 낮은 의식 속에서 살았다는 것을 깨달았다. 30년의 군대 생활 중에서 어떤 의식이 나에게 에너지를 주는지, 어떤 의식이 나에게서 에너지를 뺏어 가는지 몰랐다. 군대에서 원하는 보직을 맡지 못하거나 평정을 제대로 받지 못하면 내 문제가 무엇인지 생각하지 않고 왜 이렇게 결정되었는지 따져 물으며 공정하지 않다고만 생각했다. 이런 자기중심적인 생각과 행동은 나의 정신건강에 도움이 되지 않았고 결국 화병으로 돌아왔다. 화병의 원인인 분노는 나의 몸을 망가뜨렸다.

2005년부터 2018년까지 13년 동안 한 순간도 삶의 행복을 느끼지 못할 정도의 심한 가슴 통증을 느끼고 살았다. 이렇게 인생을 사는 것보다 죽음을 선택하는 것이 좋겠다는 생각도 했다. 가슴 통증을 견딜 수가 없어서 국군 서울수도병원, 국군 서울지구병원에 가서 심장 CT촬영과 초음파 검사를 했다. 담당 군의관은 심장에 이상이 없다고 말했다. 가슴 통증이 심해서 참을 수가 없는데 이상이 없다고? 더 이상 가슴 통증을 안고 살아가는 것은 의미가 없다는 생각을 갖고 서울대학교병원에 가서 심장검사를 받았다. 사타구니 사이로 기구를 넣어서 심장의 상태를 검사했다. 검사 후 담당의사는 영상을 보여주면서 심장 주변 혈관도 이상 없고 심장에도 이상 없다고 설명했다. 환자는 숨쉬기도 힘든데 의사는 이상이 없다며 원인을 모르겠다고 했다. 그렇다면 내 병의 원인은 나에게서 부글부글 끓어오르는 '화' 때문이라는 것인가? 원인을 모르는 통증을 가지고 앞으로 살아갈 일이 큰 걱정으로 다가왔다.

정약용의 책에 단세포적 인간상이 등장한다. 무언가 좋은 것이 생기면 순식간에 기분이 좋아져서 웃다가 기분이 나빠지면 언제 그랬느냐는 식으로 기분이 나쁜 상태로 돌변하는 사람들이 단세포적인 인간이라고 한다. 나도 이런 유형의 사람이 아니었는지 생각을 해보게 됐다.

내가 남들보다 더 적은 정성으로 군대생활을 해서 원하는 보직을 수행하지 못하고 좋은 평정을 받지 못했으면 쿨하게 인정하면 되는데, 그러지 못한 나는 스스로 화병을 만들었다. 그리고 13년의 긴 시간을 매 순간 심장의 통증을 견디면서 낭비했다.

군대의 지휘관은 자신과 코드가 맞으면서 능력 있고 열심히 업무를 수행하고 예절바른 사람과 근무하고 싶어 한다. 그래서 이런 자세와 능력을 갖춘 장교, 부사관, 군무원에게 중요한 보직이 주어진다. 군대에서나 사회에서나 진급이나 승진 시기에 중요한 보직을 갖지 못하면 그 해 진급이나 승진을 기대하기 어렵다. 중요한 보직을 꿰차지 못한 경우에는 그동안 자신이 조직에 기여하지 못했음을 인정해야 하는데, 대부분의 사람은 남 탓을 하면서 불만을 이야기한다. 불만을 토로하기 전에 자신의 인성, 조직을 위한 희생, 업무에 대한 열정, 보고서 작성 및 리더십 능력 등이 경쟁자보다 뛰어난지 돌아보고 경쟁자가 더 뛰어나다면 인정하고 자신이 맡은 보직에서 최선을 다하면 된다.

군대에서 장군이 된 선배와 동기, 후배들을 보면 모두가 정의, 정직, 사랑, 배려, 열정과 같은 높은 에너지 수준의 성품을 갖고 있고, 경쟁자들보다 뛰어난 업무능력, 창의성, 희생, 인간관계 능력을 갖췄다.

우리가 사는 우주에는 엄청난 에너지가 흐르고 있다. 강력한 에너지를 끌어당기는 사람이 성공하는 것은 당연하다. 그들은 정의, 정직, 사랑, 배려 등의 의식으로 무장한 사람이다. 하지만 이러한 의식이 무장되지 않은 사람은 크고 작은 잘못을 저질러 수치심과 불안감, 좌절감의 의식 속에서 자신의 몸과 정신을 망가뜨리기 쉽다. 그러다보니 그들은 자신의 진정한 주인으로 살지 못하고 타인에 의한 의존적인 삶을 살게 된다. 당신이 당신 몸과 정신의 진정한 주인이라면 매 순간 당신의 영혼과 정신이 고통 받고 몸이 망가지는 것을 지켜보고만 있겠는가. 당신이 자신의 인생의 진정한 주인이라면 당신의 몸과 정신이 걱정, 불안, 죄의식, 수치심으로 인한 스트레스가 없는 평안한 환경에서 살게 해야 한다.

하늘을 우러러 한 점 부끄러움이 없는 삶을 사는 사람이 있다. 그런 사람은 우주의 에너지를 100% 받고, 언제든지 우주로 자신의 에너지를 보낼 수 있다.

의식을 바꿔서 인생이 바뀐 사람은 매우 많다. 올림픽 사상 12개의 금메달을 수상한 매트 비욘디, 『백만장자 시크릿』의 저자 하브 에커, 글로벌 기업 스노우폭스의 김승호 회장 등이 있다.

매트 비욘디는 수영선수이다. 그는 올림픽에서 금메달 12개를 수상했다. 그는 매일 매일 자신은 승리자라고 믿는 확언을 반복했다. 그가 끊임없이 반복한 '우승에 대한 믿음'의 확언으로 승리자들만이 갖는 뇌 신경망을 만들어 꿈을 이루었다. 뇌는 당신이 긍정 의식을 가지면 현실에 당신이 원하는 결과가 나타나게 한다,

하브 에커는 무일푼에서 2년 만에 백만장자가 되었다. 수중의 돈 30달러가 그의 전 재산이었다. 캐나다에서 많은 어려움을 겪었던 그는 대출금 2,000달러로 사업을 시작했고 10개 지점을 소유한 사업체로 키워냈다. 그는 사업을 통해 부와 잠재의식의 상관관계를 알아냈다. 그는 자신의 잠재의식이 성공으로 향해 나아가도록 세팅 후 잠재의식에 확언을 반복적으로 하는 열정과 믿음, 인내라는 의식의 에너지로 인생을 바꿨다.

김승호는 스노우폭스 그룹의 회장이다. 그는 자신의 목표를 노트에 적고 확인하였으며 믿음, 열정, 끈기의 의식을 통해 인생을 바꿨다. 그는 돈을 인격체로 보고 사랑하는 의식을 갖고 있다. "돈도 인격이 있어서 귀하게 대접하는 사람에게 달라붙는다."고 했다. 2019년도에 스노우폭스는 10여개 국가에 4천여 개의 매장과 1만여 명의 직원을 가진 기업이 되었고 연 매출 1조 원의 목표

를 달성했다. 그는 자신의 꿈을 믿음의 확언, 열정, 투지, 인내의
의식 에너지로 이루었다.

　많은 사람들은 스스로를 낮게 평가한다. '나 같은 사람이 어떻
게 그런 일을…'하고 포기하는 사람이 많다. 어떤 사람은 꿈도 없
고 목표도 세워본 적도 없다. 그냥 세월 흘러가는 대로 산다. 어느
것이 바른 삶인지도 모르고 산다. 왜 사는지 생각도 하지 않는다.
이것은 큰 문제다. 의식이 바뀌지 않으면 가치 있는 인생을 살수
가 없어 인생이 바뀌지 않는다. 의식을 바꿔서 당신 인생의 목표
를 이루기 위해서는 책을 읽고 마음을 수련하거나 멘토의 가르침
을 받아야 한다. 책을 읽으면 책들 간의 반복되는 주장과 핵심 내
용을 마주하게 된다. 예를 들면, '말한 대로 이루어진다. 마음속에
생생하게 그리면 꿈은 현실이 된다. 자신을 이기는 자가 승리자
가 된다. 뿌린 대로 거둔다.' 등이다. 이러한 말들을 무의식의 잠
재의식에 반복적으로 입력을 시키면 열정, 믿음, 인내, 용기 등의
의식이 생겨서 행동이 바뀌게 되고 성공자의 길을 걷게 된다.

　'네 시작은 미약하였으나 네 나중은 심히 창대하리라'라는 성
경 구절과 프랑스 심리치료사 에밀쿠에의 "인간이 할 수 있는 일
이라면 무엇이나 할 수 있다는 마음만 갖는다면 설사 어떤 고난에
처한다 해도 언젠가는 반드시 목표를 달성할 수 있다. 반대로 아

주 단순한 일일지라도 자기에게는 무리라고 생각한다면 기껏 두 더지가 쌓아올린 흙더미에 지나지 않는 일도 태산처럼 보인다."라는 말처럼 진리를 알고 한발 한발 꿈을 향해 계속 나아가면 누구나 꿈을 이루고 성공할 수 있다.

당신의 의식 수준은?

. . .

"나의 마음의 불을 끄는 것은 마음의 주인인 바로 '나' 다."

김달국, 『최고의 명언을 만나다』 중에서

나의 현재 의식수준은 보통 이상이다. 자신감, 용기, 사랑, 기쁨, 평화, 깨달음의 높은 의식 에너지 수준은 나를 성공의 길로 안내했다. 건축시공기술사 국가자격시험 합격, 건설사업관리단장 임무수행, 그리고 출판사와 계약하여 현재 이 글을 쓰고 있다.

돌이켜보면 1987년부터 2019년까지 나의 의식수준은 보통이었다. 내 인생에 대한 불만은 나의 에너지 수준을 평균이하로 낮췄다. 사랑, 배려, 용기, 겸손 등에 대한 나의 의식 수준은 보통이었으나 정의, 도덕성에 대한 나의 의식수준은 많은 노력이 필요했다. '당신은 정의로운가?' '당신은 도덕적인가?'라는 질문에 그렇다고 말할 수 있다면 당신은 존경받아야 마땅한 사람이며 매 순간 평안한 삶을 살고 있을 것이다.

나는 1990년에 임진강 북단에 있는 미 2사단 스탠스 얼로운 부대의 카투사 파견대장 보직을 받았다. 카투사 파견대장의 임무는 내가 소속된 부대의 카투사가 미군이 한국군과 연합작전을 성공적으로 수행하고 문제가 발생하지 않도록 조율하며, 미군과 한국군 지휘부에 문제가 될 내용을 보고하고 조치하는 것이다.

다음 해 내가 근무하는 부대에 새로운 미군 대대장이 부임했다. 몇 개월 지나지 않아 미군 부대대장도 바뀌었다. 미군 대대장과 부대대장은 자신의 부대는 임진강 북단에 있는 미군의 특수부대이기 때문이기 때문에 카투사가 한국군 국경일에 쉬지 못하게 했다. 그들이 오기 전에는 스탠스 얼로운 부대의 카투사는 미 8군 예하의 다른 미군부대 카투사와 동일하게 한국군 국경일에 쉬었다. 미 2사단 규정에도 카투사는 한국군 국경일에 쉬도록 되어 있다. 스탠스 얼로운 부대 카투사들은 파견대장이자 미군의 한국군 참모였던 나에게 카투사 자신들의 부당한 대우를 시정해 달라고 요구했다. 미 8군 예하의 모든 부대가 한국군 국경일에 쉬는데 왜 자신들이 소속된 부대만 쉬지 못하게 하는지 이유를 모르겠다는 것이었다. 나는 부대대장 폰타카로 소령에게 미 2사단 규정에 의하면 한국군 국경일에 카투사는 쉬도록 되어있으니 규정대로 조치해 줄 것을 요구했다. 폰타카로 소령은 자신의 부대는 임진강 북단의 미군 특수부대이므로 미 2사단 규정에 적용받지 않는다고 답했다.

결국 스탠스 얼로운 부대 카투사는 6월 6일 현충일, 7월 17일 제헌절, 8월 15일 광복절 우리 국경일에 쉬지 못하고 미군과 함께 일을 했다. 카투사의 불만은 극에 달했고 급기야 태극기를 들고 영내에서 구보하는 지경에 이르렀다. 미군 대대장과 부대대장은 자신의 부대 카투사 파견대장이자 한국군 참모장교인 내가 문제가 있다고 생각하고 자신들이 할 수 있는 조치를 했다. 이 일이 있은 후 나는 동두천 인근의 미 2사단 공병대대의 카투사 파견대장으로 보직을 새로 받았다.

35년이 지난 지금 생각해 보면 그때 당시 나의 의식 수준은 낮았던 것 같다. 한반도의 평화 유지와 국가에 대한 진정한 충성이 무엇인지 깊게 생각하지 못했다. 미국은 한국의 우방 국가로서 한국전쟁에서 우리나라의 자유수호를 위해 미군 4만여 명이 전사하는 희생을 치렀고, 오늘날 한국이 선진국에 진입하는데 큰 역할을 했다. 당시 미군 대대장은 자신의 대대를 막강한 전투력을 가진 최강부대로 만들고 싶었을 것이다. 강한 전투력은 훈련을 통해서 가능하고, 훈련으로 전투력을 증대시키기 위해 카투사가 한국 국경일에도 쉬지 않고 미군병사들과 함께 훈련하는 것이 필요했을 것이다.

국가를 위한 진정한 충성은 현재의 사사로운 희생을 감수하고 더 큰 목표를 달성하는데 힘을 모아야 한다는 것을 27살의 나는 알지 못했고, 미 2사단 규정 준수와 카투사 불만해소의 지엽적인 요소에만 몰두했었다. 미 2사단 규정을 지키는 것도 중요하고 카투사의 불만해소도 중요하지만, 더 중요한 것은 전쟁에 대비해 연합작전을 성공적으로 수행할 수 있는 능력 구비였다. 그리고 거기에 초점을 맞추었어야 했다. 연합군의 전투력 발휘에 카투사는 통역능력과 전투기술로 중요한 역할을 수행한다. 예나 지금이나 한미연합군 사령부의 구호는 "같이 갑시다(Go Together)"이다. 33년전 나는 의식 수준이 낮아서 같이 가지 못했다.

나의 에너지 수준이 높은 의식을 갖게된 것은 책을 가까이 하면서이다. 책은 나의 내면을 다듬고 지혜를 깨우치는 발판이 되어 주었다. 어린 시절에 읽었던 위인전의 위인들의 정의감, 도덕성, 용기, 배려, 사랑, 겸손 등의 의식을 간접적으로 체험하고 그들을 벤치마킹했다.

이순신 장군은 충성, 열정, 집념, 인내, 지략, 혜안을 이용해 왜군과 전쟁에서 23전 23승을 거두었다. 12척의 배로 133척의 왜군을 물리친 것은 당신도 잘 알고 있을것이다. 그는 바닷속의 수심, 물의 속도와 방향, 섬과 섬의 거리, 바닷속 장애물 설치 위치, 적선 유인 방법 등을 면밀하게 연구했다. 그는 나라에 대한 충성심, 병사에 대한 사랑, 집념, 인내와 같은 높은 수준의 에너지 의식과 지략으로 모든 전투에서 승리한 세계의 명장이 되었다.

기독교인들 중에 성경 말씀대로 실천하는 사람들의 의식 수준은 보통사람보다 높다고 생각한다. 성경의 주요 가르침은 사랑, 용서, 인내 등으로 에너지 수준이 높은 의식들이기 때문이다. 나는 기독교인으로 성부, 성자, 성령을 믿는다. 하나님은 예수의 십자가 사랑의 보혈로 아담과 이브의 원죄와 인간이 지은 모든 죄를 용서하였다. 때문에 우리는 더 이상 원죄로 인한 죄인이 아니다. 예수를 주로 영접한 기독교인은 높은 에너지 수준의 의식인 사랑, 용서, 인내만 실천해도 원하는 목표를 무엇이든지 달성할 수 있고 봉사활동이 필요한 사람들에게 선한 영향력을 줄 수 있다.

인간의 의지로 무엇을 하려고 한다면 모든 것이 힘들고 무너지기 쉽다. 나는 기도를 통해서 하나님이 원하는 대로 살려고 노력하고 있다. 하나님이 원하는 대로 산다는 것은 하나님, 예수, 성령과 내가 하나가 된다는 것이다. 그렇게 된다면 항상 바른 행동을 할 수 있고 영혼이 평안한 삶을 살 수 있다. 우리의 몸 안에는 악한 행동이나 부도덕적인 행동을 할 때 제어하는 영혼이 있다. '사람이 자신의 힘으로 잘못된 행동이나 죄를 범하지 않으려고 하면 실패한다'는 내용을 미국 목사가 쓴 책에서 본 적이 있다. 하나님과 예수를 내 안에 받아들여 나의 행동을 주관하게 했을 때 죄를 짓지 않는다고 한다. 나는 이 말에 100% 공감한다. 많은 기독교인들이 기도하는 이유가 여기에 있다.

당신의 의식 수준을 높이기 위해 가장 먼저 교육한 사람은 당신의 부모이다. 당신이 어렸을 때 바른생활을 하라고 했을 것이며 도둑질하지 말고 거짓말하지 말고 힘든 것도 참으라고 가르치셨을 것이다. 나이 많으신 분들은 상대방의 잘못을 추궁할 때 가정교육 문제를 이야기한다. '부모가 교육을 그렇게 시켰느냐? 아버지가 없어서 그러니?' 등의 말은 부모의 교육이 얼마나 중요한 것인지를 반증한다. 당신의 부모는 당신이 바르고 정의롭게 살라고 교육하였는가? 배려, 사랑, 겸손에 대해 교육하였는가? 부모가 교육을 하지 않았다면 성경, 논어, 맹자, 노자, 자기계발서, 위인전, 인문학, 철학 등의 책을 읽고 책 속의 성인, 현인, 위인들 중에서 당신의 멘토를 찾아라. 책 속의 멘토로부터 의식을 어떻게 개선해 나가야 할지 답을 얻을 수 있다. 성인, 현인, 위인들은 사랑, 용서, 희생, 인내, 배려, 정직, 깨달음 등의 의식으로 무장하여 일반인에게 선한 영향력을 끼친다.

우리의 몸은 영혼과 마음의 통제를 받는다. 우리는 올바른 행동을 하면 걱정이 없고 편안하게 잠자리에 든다. 반면 나쁜 행동을 하면 우리의 영혼이 죄의식에 시달리게 된다. 수치심, 죄의식,

그리고 처벌에 대한 두려움 등으로 목숨을 끊는 사람도 많다. 우리에게 영혼과 마음이 없다면 수치심과 죄의식도 느끼지 못하고 범죄율은 급상승할 것이다. 인간에게 영혼과 정의로운 마음이 있기에 전쟁, 살인, 강간, 강도, 사기 등의 사건이 많이 발생하지 않는 것이다. 미국은 전 국민이 총을 소지할 수 있고, 거의 모든 집에 총이 있지만, 총기에 의한 사고가 자주 발생하지 않는 이유는 선한 영혼과 마음을 갖고 사는 사람이 많기 때문이다.

책 읽을 시간이 없다면 의식에 관한 영상을 자주 보면서 높은 에너지 수준의 의식을 가지려고 노력하는 것도 한 가지 방법이다. 유튜브를 통해서 쉽게 접할 수 있다. 당신이 부산에서 서울을 간다고 했을 때 가는 길은 많다. 비행기, KTX, 버스, 자가용 등 어떤 방법으로도 갈 수 있다. 단지 조금 빨리 가느냐, 늦게 가느냐의 차이만 있을 뿐이다. 당신의 의식 수준을 높이는데 관심을 갖고 있다면 독서, 명상, 기도, 멘토, 유튜브 등 어떤 방법이든 상관없다. 그것을 통해 마음을 수양하면 당신은 높은 에너지 수준의 의식을 가질 수 있고 남내하게 인생을 살아갈 수 있을 것이다.

미국의 시인 헨리 데이비드 소로는 "인간에게는 의식적인 노력으로 자신의 삶을 높일 능력이 분명히 있다. 이 사실보다 더 용기를 주는 것은 없다."고 했다. 우리는 의식적인 노력을 통해 우리가 추구하는 목표를 달성할 수 있다. 의식적인 노력은 긍정의 말을 하는 것을 의미한다. 긍정의 말은 믿음, 용기, 사랑, 기쁨 등과 같은 에너지 수준이 높은 말들이다. 그래서 말을 할 때 반드시 긍정의 말을 해야 한다.

우주는 지금 이 순간에도 당신의 말을 확인하고 있고, 말하는 대로 이루어지게 한다. 우리 모두의 인생 목적은 각각 다르지만 긍정의 의식으로 무장해 확언하는 것을 반복하면 우리가 원하는 인생의 목표를 이룰 수 있다.

매 순간 긍정의 말을 무의식의 정신 세계에 입력하면 뇌의 조직 활성화 체계(Reticular Activating System)가 작동되어 말이 씨가 되어 열매를 맺고, 힘과 권세를 준다. 믿는 대로 이루어진다. 믿는 것을 그림처럼 생생하게 그리면 더 빨리 이루어진다. 당신은 무엇이든지 할 수 있고, 무엇이든지 될 수 있다.

의식 수준만큼 성공한다

. . .

"인생의 싸움터에서 최후의 승자는 바로 할 수 있다고 믿는 사람이다."
월터 D, 윈틀

인간은 자신의 의식 수준만큼 성공한다. 당신은 지구 역사상 의식 수준이 높아서 성공한 사람을 누구라고 생각하는가?

내가 생각하는 가장 성공한 사람은 불교의 부처, 힌두교의 크리슈나, 이슬람교의 모하메드이다. 이들은 각 종교의 창시자로서 지구가 존재하는 한 그들의 선한 영향력은 후대 사람들에게 영원토록 추앙을 받을 것이다. 그들은 자신의 욕심을 채우기 위해 살지 않고, 다른 사람을 사랑하고 봉사하면서 깨달음을 주기 위해 자신을 희생했던 성인이다.

두 번째로 성공한 사람은 공자, 맹자, 소크라테스, 이순신 장군, 링컨 대통령, 간디, 나이팅게일, 테레사 수녀, 헬렌켈러 등이 있다. 이들은 많은 사람에게 가르침을 주었고 사랑, 평화, 충성, 도덕, 정의 등을 실천했다.

세 번째로 성공한 사람은 철강왕 카네기, 워런 버핏, 지미카터 대통령 등으로 자선활동을 하고 자신이 모은 재산의 대부분을 사회에 기부 했거나 기부하기로 약정한 사람, 세계 평화를 위해 기여한 사람들이다.

마지막으로 성공한 사람은 사회적으로 높은 지위에 있거나 스스로 성공한 사람이라고 생각하는 사람 모두가 여기에 해당된다. 대통령, 수상, 목사, 신부, 스님, 군인, 기업체 CEO, 작가, 강사, 교수, 의사, 변호사, 연구원, 공무원, 대기업 직원, 기타 일반인이다.

역사상 성인이라 존경받는 이들도 처음부터 성인이 아니었다. 그들은 나이가 들어가면서 자신의 욕심을 버리고 진리를 깨우치는데 정진했다. 그리고 고뇌하는 사람들의 정신세계를 편안하게 해주고 남을 위해 희생하며 봉사하는 삶을 살아 성인으로 인정받게 된 것이다. 인간은 누구나 자신의 내면의 양심을 닦고 다른 사람을 사랑하는 수양을 하면 높은 에너지를 갖는 깨달음 수준의 의식을 갖게 된다. 당신도 부처, 공자, 소크라테스, 이순신 장군, 링컨 대통령 같은 성인이나 위인이 될 수 있다.

부처는 B.C. 6세기경 인도의 카필라국에서 태어났다. 그는 태자의 자리를 버리고 깨달음을 얻기 위해 출가했다. 그는 6년에 걸친 수행을 통해 사람들이 자신의 마음 욕심을 통제하지 못하여 지혜로운 삶을 살지 못하고 고통스러운 삶을 산다는 것을 깨달았다. 부처는 이러한 진리를 깨닫고 45년 간 인도의 여러 곳을 돌아다니며 수많은 사람들에게 가르침을 주었다. 부처는 "그대의 마음을 가라앉히고, 그대의 속도를 늦추고, 그대가 자비롭고 친절하게 될 가능성을 높여주는 경험은 유익하다. 그런 경험은 향유해도 좋다. 그러나 그대의 마음을 동요시키고, 그대의 속도를 높이고, 그대의 오감을 흥분시키거나 그대를 분하게 하고 성나게 만드는 경험은 유익하지 않다. 그런 경험은 피해야 한다."고 말했다.

공자는 이상주의자이자 실천주의자이다. 자신의 사상이 현실에 받아들여지는 것이 쉽지 않다는 것을 알면서도 집요하게 제자들에게 교육하고 실천하도록 하여 후대 사람들은 그를 성인이라 부른다. "원수는 물에 새기고 은혜는 돌에 새기라"는 공자의 말에서 보통 사람들이 원수를 물에 새긴다는 것을 실천하는 것은 거의 불가능하나 공자는 실천하라고 했다. "임금은 임금다워야 하고, 신하는 신하다워야 하며, 아비는 아비다워야 하고, 자식은 자식다워야 한다."고 했다. 각자의 직책에서 자신의 본분을 다하고 하극상이 일어나지 않아야 한다는 것을 명심하게 하기 위한 공자의 말이다. 하극상은 우리나라 역사에서 조선시대 태조 이성계의 예로 설명할 수 있다. 위화도 회군을 한 이성계 장군이 고려를 무너뜨리고 조선을 세운 것처럼 권력욕이 있는 신하가 공자가 말한 것을 실천하는 것은 어렵다. 태조 이성계는 고려의 마지막 왕 공양왕을 무능하다는 이유로 폐위시켰고, 공양왕은 삼척에서 살해당했다.

소크라테스는 고대 그리스의 철학자다. 그의 "너 자신을 알라"는 말을 한번 쯤은 들어봤을 것이다. 우리는 자신의 내면을 자주 들여다보고 갈고 닦아야 한다. 그것이 소크라테스가 현대인에게 전하는 메시지이다. 내가 하면 로멘스, 남이 하면 불륜인 세상이 되어선 안 된다. 내로남불이 판치는 현실에서 우리가 반성해야 할 부분이다. 소크라테스는 "철학이 필요한 이유는 정의가 무엇인지를 알고 행하기 위해서"라고 했다. 그는 "정의가 영혼을 아름답고 조화롭게 한다."고 주장했고 실천했다. 소크라테스는 자신의 인생의 이유를 '정의'라고 생각하고 살았기 때문에 후대 사람들이 그를 성인으로 존경한다.

링컨 대통령은 모든 인간은 신 앞에 평등하다는 의식으로 미국의 노예제도를 폐지하는 법안을 통과시킨 인물이다. 국가의 힘은 국민에게서 나온다는 생각을 지닌 그는 '국민의, 국민에 의한, 국민을 위한' 정부를 실천했다. 뱃사공, 가게 점원, 우체국장, 변호사, 주지사, 하원의원 등 다양한 직업을 경험해 온 그가 일생동안 받은 교육은 14개월이 전부였다. 그것도 순회 교사의 수업이었다. 제대로 된 교육을 받은 적은 없지만, 그는 성경읽기와 끊임없는 기도, 독서, 사색과 사랑, 평화, 기쁨과 같은 높은 에너지 수준의 의식으로 무장하여 미국 역사상 가장 위대한 대통령이 되었다.

지미카터 전 미국 대통령은 독실한 기독교 신자다. 평화, 사랑, 정의라는 높은 에너지 수준의 의식을 갖고 세계 평화에 크게 기여하여 2002년에 노벨평화상을 받았다. 1994년 6월 지미카터 대통령은 일촉즉발의 한반도 전쟁위기 상황을 당시 나이 82세인 김일성을 직접 만나서 협상했다. 당시 미국은 한반도에 전쟁이 일어나면 100만 명의 인명 손실, 한반도 전체 방사능 위험, 서울

및 인근 지방 불바다, 남한 경제 대대적 붕괴 등을 예측했다. 한반 도에 전쟁을 일어나지 않도록 기여한 지미카터 대통령의 평화에 대한 의식은 성경의 영향을 많이 받았다고 알려졌다.

파키스탄 출신의 여성인권운동가 말랄라 유사프자이는 17세 의 어린 나이에도 불구하고 높은 수준의 의식을 실천함으로써 2014년 역대 최연소 노벨평화상 수상과 동시에 성공자의 반열에 우뚝 섰다. 평등, 용기, 희망, 깨달음 등의 높은 에너지 수준의 의 식을 지닌 그녀는 파키스탄에서 여성도 남성과 동등하게 교육을 받아야 한다고 주장했다. 탈레반은 여성평등과 여성교육을 주장 하는 말랄라의 이마에 총을 쏘았다. 말랄라는 영국에서 치료를 받고 기적적으로 살아났다. 말랄라는 UN에서 "탈레반은 제 왼쪽 이마에 총을 쐈습니다. 그들은 제 친구들도 쐈습니다. 그들은 그 총알로 우리 입을 막을 거라 생각했겠죠. 하지만 변한 건 없습니 다. 오히려 약함, 두려움, 절망의 의식이 사망했고 힘, 능력, 용기 의 의식이 태어났습니다. 전 그때와 똑같은 말랄라입니다. 제 야 망도 변치 않았습니다. 제 희망도 마찬가지고요. 제 꿈도 똑같습 니다. 우린 어둠을 접할 때 빛의 중요성을 깨닫습니다. 우린 잠자 코 있어야 할 때 목소리의 중요성을 깨닫습니다. 우린 말의 힘과 파급력을 믿습니다. 오늘은 자신의 권리를 위해 목소리를 높인 모든 여성, 모든 소년, 모든 소녀를 위한 날입니다. 책과 펜을 듭

시다. 그것이야말로 가장 강력한 무기입니다. 한 명의 아이, 한 명의 선생님, 한 권의 책, 한 개의 펜이 세상을 바꿀 수 있습니다."라고 연설했다.

말랄라란 이름은 말랄라의 아버지가 아프가니스탄과 영국의 전쟁 중 장렬히 전사한 아프가니스탄 소녀 여전사의 이름 '말랄라이'을 본 따서 지었다. 아프가니스탄이 영국과 치열한 전쟁을 하고 있을 때 말랄라이란 이름의 한 소녀가 산으로 올라가 "사자로 사는 하루가 노예로 사는 백 년 보다 낫다."고 외쳤다. 소녀의 외침으로 아프가니스탄 군인들은 힘을 내고, 승리를 거두었지만 소녀는 총에 맞아 그 전쟁터에서 사망했다. 그 소녀의 이름이 '말랄라'이다. 우리도 아프가니스탄과 파키스탄의 말랄라처럼 높은 의식 수준을 실천하면 우리가 일하는 분야에서 담대하게 행동할 수 있고 성공할 수 있다.

세계적인 부자들은 사회에 기부를 많이 한다. 그들은 기부를 통해서 사랑, 기쁨, 평화라는 높은 에너지 수준의 의식을 갖게 되어 더 많은 부를 창출해 낸다. 철강왕 카네기, 워런 버핏, 빌게이츠가 대표적인 인물이다.

데이비드 호킨스는 그의 저서 『의식 혁명』에서 인간의 의식 에너지 수준은 수치심 20, 무감정 50, 슬픔 75, 두려움 100, 욕망

125, 분노 150, 자부심 175, 용기 200, 중용 250, 자발성 310, 수용 350, 이성 400, 사랑 500, 기쁨 540, 평화 600, 위대한 성인 500 후반~600, 깨달음 700~1,000이라고 말했다. 그의 주장에 의하면 200이하의 모든 에너지 수준은 개인과 사회전반에 걸쳐 파괴적이고, 200이상의 모든 에너지 수준은 건설적이다. 200의 에너지 수준은 삶을 살아내는데 있어 에너지 수준을 높일 수 있느냐 그렇지 못하느냐를 결정하는 임계점이라고 볼 수 있다.

데이비드 호킨스는 인간은 자동적으로 의식이 순간순간 최고라고 여기는 것을 선택하고 의식들은 항상 혼재되어 있다고 했다. 그는 인간은 어떤 삶의 영역에서는 이 수준의 에너지를 갖는 의식에서, 다른 삶의 영역에서는 전혀 다른 수준의 에너지를 갖는 의식에서 작동할 수 있고 개인의 전체의식 에너지 수준은 다양한 의식 에너지 수준들의 총합이라고 말했다.

우리의 뇌는 어떤 가치 있는 일에 몰입하지 않으면 여러 가지 고민에 사로잡히게 된다. 이러한 고민은 주로 죄책감, 수치심, 슬픔, 두려움, 분노 등의 에너지 수준이 낮은 의식에서 발생한다. 이러한 낮은 에너지 수준의 의식들이 합쳐지면 우리의 마음을 우울하게 하고 몸을 병들게 하여 극단적인 상황으로 몰고 간다. 그래서 독서와 사색을 통해 성현, 위인, 작가들의 지혜를 배우고 익혀 믿음, 용기, 사랑, 기쁨, 깨달음과 같은 높은 에너지 의식들의 총합으로 자신이 좋아하는 일을 멈추지 않고 계속 한다면 모두가 성공에 한걸음 다가갈 수 있다. 꿈을 이루고 성공하는데 있어서 누구는 되고 누구는 안 되는 것은 없다.

미국의 유명 기업인 콘래드 힐튼은 "사람의 미래는 노력이나 재능이 아니라 마음속으로 생생하게 그리는 그림에 의해서 결정된다."고 했다. 이루고자 하는 것을 생생하게 그리는 것은 운동선수들이 이미지 트레이닝 할 때도 많이 적용한다. 이미지 트레이닝을 반복하면 운동 연습을 하지 않아도 연습한 것과 같은 효과를 나타낸다. 국내 유명 요리사 한 명도 요리 연습할 시간이 없어서 머릿속 이미지로 요리하는 것을 연습하여, 실제로 요리 연습을 많이 한 사람보다 더 좋은 성적으로 요리대회에서 입상했다고 한다. 당신이 성공자가 되기 위해서는 자신의 꿈을 생생하게 그리는 노력을 가장 먼저 해야 한다.

사람은 의식 수준만큼 성공한다. 머리와 마음속으로 생생하게 그리면 좋은 결과를 만들어 낸다. 원하는 것을 생생하게 그리고 실행하라. 당신이 그리는 대로 이루어진다.

다섯 번째 66일 혁명
쓰기 혁명

쓰는 만큼 성장하고 성공한다

. . .

"인간에게 가장 큰 선물은 자신에게 기회를 주는 것이다."

크리스 가드너

"성공하고 싶으면 성공한 자에게 배워라" 한국 책쓰기 강사 양성 협회 김태광 대표의 말이다. 책을 써서 성공하고 싶으면 책을 쓴 작가로부터 배우는 것은 당연하다. 책을 써서 성장하고 성공한 사람들이 많다. 사마천, 정약용, 헤밍웨이, 피터 드러커, 무라카미 하루키, 세스 고딘, 김병완 작가, 이지성 작가, 김태광 대표 등이 대표적인 인물이다.

　사마천은 130권의 『사기』 저술을 통해 그의 울분, 고통, 자존감 상실을 승화시켰고 후대 사람들에게 존경받는 성공자가 되었다. 그는 동양 역사학의 시조이다. 그는 흉노에게 항복한 장군 이릉을 변론하다가 한 무제의 미움을 받아 49세에 생식기를 거세당하는 궁형에 처해졌다. 궁형을 당한 후에도 삶을 포기하지 않고 『사기』를 저술하는 것을 멈추지 않았다. 『사기』에는 사마천의 정신과 영혼이 깃들어 있다. 그는 『사기』에서 부당한 권력을 비판하고 힘없는 사람을 응원하고 보통 사람도 역사의 주인이 될 수 있다고 말했다. 사마천이 『사기』를 쓰지 않았다면 그는 정신적 고뇌로부터 벗어나 영혼이 자유로운 사람으로 성장할 수 없었을 것이고, 후대 사람들에게 훌륭한 사람으로 인정받지 못했을 것이다. 사마천의 『사기』는 2천 년이 지난 지금에도 위대한 유산이고 독자들에게 읽히고 있다. 성공은 스스로 한 일에 기쁨을 느끼는 것도 성공이고, 타인의 존경을 받는 것도 성공이라 했다. 물질적 부만이 성공이 아니다.

　다산 정약용은 조선시대 최고의 학자이자 정조대왕이 가장 아꼈던 신하다. 그는 책을 쓰면서 성장했고 성공했다. 18년 간의 강진 유배기간 동안 무려 500여 권의 책을 썼다. 호랑이는 죽어서 가죽을 남기고 사람은 죽어서 이름을 남긴다고 했다. 정약용의 500여 권의 책은 그를 조선 역사상 가장 위대한 사람 중 1인의 위치에 올려놓았고, 책을 쓰는 작가들에게 귀감이 되게 했다. 그가 쓴 많은 책은 후대 사람들에게 계속 읽히고 있으며 삶의 이정표 역할을 하고 있다. 그의 저서 『목민심서』는 지금의 공직자들에게 국민들을 위해 무엇을, 어떻게, 왜 해야 하는지 가이드라인을 제시하고 있으며, 『흠흠신서』는 법 집행에 있어서 억울한 사람이 발생하지 않도록 한 치의 오차도 없이 이루어져야 한다는 것을 알려준다.

정약용은 유배지 강진에서 18년 동안 책을 집필했는데 1년에 평균 23권, 한 달에 평균 두 권의 책을 썼다. 18년 동안 한 달에 두 권씩 책을 쓴 사람은 찾아보기 힘들다. 정약용의 나라에 대한 충성과 백성을 사랑하는 마음, 18년 유배지 환경, 학문에 대한 열정, 억울한 유배에 대한 분노 등이 이렇게 많은 책을 쓰게 하는 동력이 되어 주었다.

헤밍웨이는 『노인과 바다』로 노벨문학상을 수상한, 세계에서 가장 유명한 소설가 중 한 명이다. 그가 쓴 대표적인 소설로 『무기여 잘 있거라』, 『노인과 바다』 등이 있다. 그는 소설을 쓰기 위해 전쟁터에 지원해서 군인으로 복무할 정도로 소설의 소재를 찾을 수 있다면 어디든지 가리지 않고 찾아 나섰다.

피터 드러커는 현대 경영학의 창시자로 40여 권의 책을 썼다. 그는 60세부터 본격적인 책 쓰기를 하여 90세까지 매년 책을 출간했다. 드러커는 인생의 삼분의 일을 대학교수로 학생들을 가르쳤으며 자신의 도움이 필요한 곳은 그 곳이 어디든 재능기부 봉사활동을 했다. '미래자본가는 지식노동자' 라고 말하는 그는 자신의 지식과 지혜를 학생들과 필요한 사람들에게 아낌없이 알려주며 멘토 역할을 했다. 그는 "미래는 한 사람이 여러 분야의 일을 수행할 수 있어야 한다."고 강조해 왔다. 그러려면 최소 3개월에서 최대 3년 동안 어느 한 분야에 대해 집중적으로 공부하여 그 분야의 전문가가 되는 방식을 통해, 다양한 분야의 지식을 갖추어야 한다고 했다.

일본 소설가 무라카미 하루키는 일본 뿐만 아니라 세계 여러 나라에서 사랑을 받고 있다. 그는 자신을 위해서 소설을 쓰고, 소설을 쓰면서 자신을 성장 시켜왔다. 그래서인지 하루키는 소설을 쓸 때 마음이 가는 대로 유연하게 쓴다. 그리고 교정과 숙성과정인 양생을 거쳐 더 훌륭한 소설을 만들어 낸다. 장편소설을 쓰면서 힘든 이유를 야구에 빗대어 보면, 야구는 9회 말이 지나 연장전에 돌입하면 구원 투수나 대타와 교체된다. 그러나 소설을 쓰는 사람은 그 순간을 혼자서 극복해야 하기 때문에 힘들다는 것이다. 그는 끝까지 참고 버티어 내고 운동하면서 소설을 계속 써 나간다.

이지성 작가는 철학, 종교, 역사 등 다양한 분야의 독서를 하면서 얻은 지식과 지혜를 기초로 이해하기 어려운 것들을 쉽게 글로 풀어내는 능력을 가지고 있다. 그는 『꿈꾸는 다락방』, 『리딩으로 리드하라』 등의 저서로 베스트셀러 작가가 되었다. 스무 살의 나이에 작가가 되겠다는 꿈을 계획하고 본격적으로 글쓰기를 시작했다. 그는 '내가 꿈을 배반하지 않으면 꿈도 나를 배반하지 않는다.'며 자신을 다독이면서 20년의 힘든 시간을 견뎌냈다. 작가의 꿈을 이루기 위해 그가 가진 모든 시간과 에너지를 쏟아 부어 수천 권의 책을 읽었고 수백 권의 책을 필사했다. 그 결과 그는 베스트셀러 작가가 되었으며 경제적 자유인이 되었다.

나는 매일 나를 세상에 드러내는 3쪽의 글을 쓰면서 성장하고 변화하여 2021년 5월 출판사와 계약을 했다. 나도 곧 작가라는 공인이 된다는 생각을 하니 가슴이 벅차오른다.

내가 처음 책을 쓴다고 했을 때 주변 사람들은 작가를 아무나 하느냐는 의심의 눈으로 나를 바라보았다. 이것은 그들이 나의 능력을 안다고 생각해서 한 행동이었다. 우리는 자신의 능력조차도 모르면서 남의 능력을 안다고 생각한다. 어불성설이고 무지의 소치다. 현대그룹의 정주영 회장은 부하 직원이 프로젝트를 수행하기도 전에 "이런 저런 이유로 불가능합니다."라고 말하면 "이

봐. 해 보았어?"라고 반박했다. 그렇다. 해보지도 않고 이유만 늘어놓는 것은 병이다. 인간은 신의 피조물로 무한한 능력이 있다. 나이키의 홍보 문구 'Just Do It'를 실천하라. 시도해 본 후에 변명을 해도 늦지 않는다.

학창시절 친구들과 놀고 싶은 마음을 달래고 억누르면서 부모님이 시키는 공부를 했던 나, 육사에 합격했다는 소식에 기뻐하셨던 부모님, 육사 1학년 생도시절 새로운 환경에 적응하지 못해 불안감에 당장이라도 터질 것 같은 두근거리는 가슴을 부여잡고 '오늘도 무사히'를 기도하며 하루하루를 버텨냈던 나, 갑작스런 부모님의 임종에 사랑한다는 말 한 마디 못하고 보내드리면서도 눈물이 메말랐던 나, 1분 1초를 아껴 공부하고 체력을 단련하여 미국 공병학교 고등군사반 졸업 시에 우수 졸업생으로 선정되어 한국 장교의 위상을 높였던 나, 37년 직장 생활 내내 누군가에게 쫓기듯이 살아왔던 나, 13년 동안 극심한 심장의 고통을 견디어 내고 당당히 건축시공기술사 국가자격시험에 합격한 날 아내와 애들의 기뻐하던 모습, 성경·위인들의 저서·힘을 주는 작가들의 책을 읽고 마음을 닦으면서 매일 성장하고 있는 나….

이제는 세상을 두려워하지 않고 진짜 어른이 된 나를 돌아보면서 글을 쓴다. 눈물이 난다. 정말 힘들게 달려온 나를 치유하는 눈물인 것 같다. 그래, 그동안 고생했다. 이제는 내 몸의 방관자가 아닌 진짜 주인으로서 내 영혼이 평안함을 느끼는 성공한 삶을 살아가고 있다.

글을 쓰는 만큼 성장하고 성공하는 이유는 첫째, 글을 쓰면서 자신을 돌아보고 내면을 갈고 닦아 올바름을 실천하고 미래의 꿈과 목표를 향해 나아갈 수 있는 힘을 갖게 된다. 둘째, 많은 참고 도서를 읽고 지식을 확장하고 지혜를 깨우쳐 세상에 선한 영향력을 미칠 수 있다. 셋째, 전문성을 키울 수 있고 논리적 사고를 하게 되어 다른 사람으로부터 개념 있는 사람으로 인정받게 되고 이름을 알릴 수 있다. 넷째, 작가가 되어 유명강사로 활동하게 되면 경제적 자유인으로 살 수 있고 자아실현이 가능하다.

미국 기업 홀딩스 인터내셔널의 최고 경영자인 크리스 가드너는 "인간에게 가장 큰 선물은 자신에게 기회를 주는 것" 이라고 했다. 당신이 자신에게 글을 쓸 기회를 준다면 그것은 축복이다. 글 쓰는 것을 꾸준히 실천하면 자신의 이름이 새겨진 책을 출간하는 날이 올 수 있고, 유명강사가 되어 수백만 원의 강사료를 받게 될 수도 있다. 성공자의 위치에 우뚝 설 수 있는 기회를 잡게 되는 것이다. 당장 글을 쓰라. 당신은 성장하고 성공한다.

글쓰기는 이제 필수다

. . .

"당신이 누구인지 책으로 증명하라."

한근태

글쓰기는 이제 필수다. 사람들은 자아실현을 위해 많은 노력을 하고 있다. 자아실현은 물질적 만족보다 자신의 정신세계의 평안함을 실현하면서 자신을 행복하게 하는 일을 하는 것을 말한다. 자아를 실현하는 것 중 우리를 매 순간 몰입하게 하고 내면을 갈고 닦게 하며 깨달음을 주는 책을 쓰는 것은 더 없는 기쁨과 행복감을 가져다 줄 것이다.

피터 드러커는 미국의 저명한 경영학자이다. 그는 "미래 자본가는 지식근로자"라고 했다. 피터 드러커가 말한 지식근로자에는 작가, 강사, 유튜버, 블로거, 컨설턴트, 콘텐츠 제작자, 연구원, 교수, 교사, 변호사, 판사, 번역가 등을 포함한다. 아무리 로봇이 글을 쓰는 시대가 온다 하더라도 내가 인생을 살면서 경험한 나만의 이야기를 로봇이 알 수도 없고 쓸 수도 없다. 그것은 본인 자신만이 가능하다. 나의 스토리가 있는 책을 쓴다면 독자와 함께 소통하며 공감대를 형성할 수 있으며 이것은 부로 연결될 수도 있다.

글쓰기가 이제 필수인 이유는 무엇일까?

첫째, 죽은 후에도 남는 것은 당신이 쓴 책이다. 인간은 결국 죽는다. 죽고 나서 영원히 없어지지 않는 것은 책이다. 고인이 남긴 재산은 자손들의 싸움의 원인이 되지만 책은 영원히 독자들의 지식을 확장시키고 정신세계에 영향을 줄 것이다.

미국의 큰 부자들은 자식들에게 부를 물려주기보다 사회에 환원한다. 철강왕 카네기는 불우한 환경에서도 책을 많이 읽고 세계 최고의 부자가 되었다. 그는 자선왕으로도 유명하다. 그는 많은 사람이 책을 읽을 수 있도록 2,500여 개의 도서관을 건립하여 기증했다. 책이 사람을 만들고 사람이 책을 만든다. 당신이 쓴 책이 철강왕 카네기와 같은 인물을 만들어 낼 수 있다. 세계적인 방송인 오프라 윈프리 탄생은 그가 많은 책을 읽었기 때문에 가능했다. 누군가는 책을 써야 사람들이 그 책을 읽고 성장하여 자신의 꿈을 펼칠 수 있다. 당신이 쓴 책은 영원히 꺼지지 않는 등불이 된다.

둘째, 누구나 책을 쓰는 시대에 살고 있다. 과거에는 문학, 철학 등을 전공한 사람이 주로 책을 썼다. 이제는 누구나 책을 쓴다. 당신이 책을 쓰지 않으면, 작가들이 써 놓은 책만 보면서 평생을 살게 된다. 책을 쓴 작가들의 정신적 통제를 받지 않기 위해서는 당신도 책을 써야 한다. 그리고 다른 사람의 정신세계에 선한 영향력을 주어야 한다. 초등학교 나온 사람도, 글쓰기가 힘든 장애를 가진 헬렌 켈러 같은 사람도 책을 썼다. 당신이 배우고 익힌 지식과 경험을 주변사람과 공유하는 시대다. 당신이 세상에서 겪은 아물지 않은 상처, 심장이 고동쳤던 기쁜 경험을 누군가에게 알려주고 싶지 않은가. 글을 쓰고 책을 쓰면 된다.

셋째, 당신의 인생 스토리를 많은 사람들이 공유하고 싶어 한다. 모든 사람에게는 자신만의 인생 스토리가 있다. 지구상 79억 인구 모두의 얼굴이 다른 것처럼 스토리도 각각 다르다. 직장인이 매일 같은 식당에서 동일한 음식을 먹지 않는 것처럼 독자도 똑같은 작가의 책을 읽는 것보다 당신만의 독특한 인생 이야기가 담긴 책을 읽고 싶어 한다. 한 명이라도 당신의 이야기에서 무언가를 배우고 지혜를 얻는다면 가치 있는 일 아닌가. 모든 작가가 동일한 이야기를 쓴 것 같아도 각자의 향기가 있다. '난향만리'라는 한자어가 있다. 난초의 향기가 만리를 간다는 뜻이다. 우리가 쓴 글이 아시아, 미국, 유럽까지 가서 읽힐 수 있다. 전자도서는 구매 당일 몇 분 내에 지구상 어느 곳에서도 받아 볼 수 있다. 참 좋은 세상이다. 책을 쓰면, 당신이 제시한 인생의 솔루션은 지구상 모든 이에게 영향을 미친다. 이보다 더한 기쁨은 없다.

넷째, 당신의 뇌를 건강하게 만든다. 글쓰는 습관은 뇌에 가장 먼저 자극을 줘서 우리의 뇌가 흥분하여 생동감 넘치게 만들고 행복감을 느끼게 한다. 당신의 뇌를 행복하게 만들면 뇌는 건강하게 된다. 뇌는 글을 쓰는 과정에서 당신이 발전하고 있다는 사실을 좋아한다. 뇌는 글쓰기 마감일을 정하고 스톱워치를 활용하는 것도 좋아하고, 책을 잃고 글을 쓸 재료를 찾는 것도 좋아한다. 뇌는 당신이 글을 쓰면서 잡념 없이 집중하거나 몰입하는 것도 좋아한다. 이렇게 뇌가 좋아하는 것을 할 때 세로토닌과 도파민이 분비되고 혈액순환이 활발해져 뇌는 건강해진다. 세로토닌은 마음을 안정시키고 당신 뇌의 기억력과 집중력을 향상시킨다.

다섯째, 미래의 자본가는 지식노동자이다. 우리는 책, 유튜브, 블로그, 페이스북, 트윗, 인터넷에서 엄청난 정보를 얻고 있다. 유튜브에 영상과 글을 올리는 사람도 지식노동자이다. 유튜브의 조회수가 많고 체류시간이 길면 지식노동자는 구글로부터 돈을 받는다. 먹고사는데 지장이 없는 시대이기 때문에 사람들은 정신적, 육체적으로 평안한 삶을 살고 싶어 한다. 유튜브에 글을 올리는 사람은 많은 사람들에게 선한 영향력을 준다. 그들이 투지힌 에너지와 시간, 그리고 타인을 생각하는 마음 때문에 그들은 큰 보상을 받는다. 사람이 깨우치면 깨우칠수록 지식노동자는 많아질 것이고 사회는 올바른 방향으로 가게 될 것이며 사람들의 마음은 더 깨끗해질 것이다.

여섯째, 잡종이 대세인 시대이다. 자신이 가진 직업 하나만으로 먹고살기가 힘들고 평생직업이 없다. 앞으론 지금 존재하는 많은 직업이 없어진다. 잡종의 대명사인 피터 드러커처럼 직업 전환을 할 수 밖에 없다. 피터 드러커는 신문기자 이후 GM자동차 회사에서 일했고, 대학교수, 강사, 작가로도 활동했다. 그는 "21세기의 가장 중요한 기술은 새로운 기술을 배우는 기술이다. 앞으로 모든 것은 시간이 지남에 따라 쓸모 없어진다."고 했다. 피터 드러커는 다양한 직업 경험과 꾸준한 독서와 연구를 기초로 40여 권의 책을 출간했다.

잡종 대세는 코로나19 이후에 더 강해질 것이다. 사람은 습관의 동물이다. 코로나19로 활성화된 화상강의, 화상회의 등은 코로나19 이후에도 계속될 것이다. 관성에 의해 언택트의 시대가 계속되어 만나는 횟수가 줄 것이다.

지금 하는 일이 당신의 가슴이 시키는 일인가? 아니라면 좋아하는 일을 준비해야 한다. 당신이 좋아하는 일은 당신의 꿈을 실현한다. 잡종은 여러 가지 직업을 경험하고 여러 가지 지식을 습득하는 사람이다. 이러한 여러 직업과 지식에서 배운 것을 융합하면 당신은 더욱 발전하게 된다.

일곱째, 당신은 무한 경쟁시대에 살고 있다. 김미경 작가는 피아노를 전공한 사람이다. 하지만 지금 그는 김미경 유튜브 대학

학장, 작가, 기업가, 자본가가 되었다. 무한 경쟁시대에서 지식노동자의 선구자적 역할을 하고 있다. 이제는 전공, 스펙이 중요한 시대가 아니다. 누구나 노력하면 성공할 수 있는 것이다. 약대 시험은 전공에 관계없이 대학 2학년 과정을 마친 사람은 누구나 지원 가능하다. 시험경쟁률도 엄청나다. 약대 지원자의 경우는 나이가 들어도 계속 시험을 볼 수 있다. 약대 공부를 하는 사람이 많아졌다. 약사 자격만 취득하면 평생 직업이 보장되기 때문이다.

빅 데이터로 모든 정보는 실시간 확인이 가능하나 당신의 스토리는 당신이 글로 쓰기 전까지 아무도 알지 못한다. 사람들은 당신만의 스토리를 듣고 싶어 한다. 자신의 삶을 담은 글을 하루 반 쪽이라도 일기 쓰듯이 써라. 계속하는 것이 중요하다. 멈추지 말고 매일 써라. 자전거를 처음 배울 때 두려웠던 기억이 있을 것이다. 나는 자전거를 타고 비탈길을 내려오다가 브레이크 잡을 줄을 몰라서 남의 집 담벼락에 부딪친 적이 있다. 이런 일을 경험하고 나면 어느 순간 자전거를 자유자재로 타면서 즐기게 된다. 글쓰기도 마찬가지다. 글쓰기의 임계짐을 넘어서면 관성의 힘으로 자동적으로 글쓰기가 가능하다. 마음의 수양이 되는 무슨 책이라도 필사해 보라. 성경도 좋고 에세이나 소설도 괜찮다. 필사를 하다보면 좋아하는 작가가 자주 쓰는 표현이 어느 순간 당신의 정신세계에 탑재된다. 그리고 당신이 글을 쓸 때 창의적인 다른 내용으로 표현된다.

　작가 추성엽은 책 100권을 읽기보다 책 한 권을 쓰는 것이 낫다고 했다. 당신이 책 한 권을 쓰고 나면 성공할 수 있다. 작가, 강사, 1인 기업가, 컨설턴트로서 활약할 수도 있고 자연스럽게 부도 따라온다. 나는 현재까지 600권의 책을 읽었는데도 단 한 권의 책도 출간할 생각을 못했다. 추성엽 작가의 말대로 했다면 나는 책 여섯 권은 출간 했을 것이다. 많이 늦었지만 이제야 책 한 권을 쓰고 있다.

　글쓰기는 이제 필수이고 누구나 할 수 있다. 짧고 간결하게 이야기하듯이 쓰면 된다. 당신 자신에게 책을 쓸 기회를 주라. 글쓰기를 시작하라. 당신도 작가가 될 수 있다.

글쓰기! 당신도 가능하다

． ． ．

"물을 바라보는 것만으로는 바다를 건널 수 없다."
라빈드라나드 타고르

　가정주부도, 직장인도, 저학력자도, 시각장애자도 책을 썼다.

당신도 가능하다. 아인슈타인조차도 자신이 갖고 있는 잠재력을 15%밖에 사용하지 못했다.

『도서관에서 기적을 만났다』라는 저서로 베스트셀러 작가가 된 김병완 퀀텀칼리지 교장은 100여 권의 책을 출간했다. 그는 잘 나가는 대기업의 직원이었다. 11년의 삼성 연구원을 그만두고 도서관으로 3년 동안 출근해 책 1만 권을 독파했다. 그는 문학 전공자가 아닌 공학 전공자다. 여러분이 문학을 전공한 사람이라면 마음만 먹으면 더 많은 책을 쓸 수 있다. 인간의 능력은 무한하다. 경영학의 창시자 피터 드러커는 60세부터 90세가 넘어서까지 매년 책을 출간했다. 60세 이후에도 피터 드러커처럼 매년 글을 쓰는 사람이 많다. 당신도 할 수 있다.

나의 지인은 6개월에 1권씩 책을 출간하고 있다. 그들은 자신이 쓰고자 하는 글의 재료를 열심히 준비해 온 사람이다. 하루 이틀의 노력으로 책을 출간할 수 없다. 오리는 물에서 떠내려가지 않으면서 제자리에 계속 노닐기 위해 물속에서 쉼없이 물갈퀴질을 한다. 당신도 일정시간 책 쓰기를 오리처럼 노력하면서 실행한다면 충분히 작가가 될 수 있다.

책을 쓰는 것은 어렵지 않다. 전 세계에 글쓰기 붐을 일으킨 미국의 작가 나탈리 골드버그의 글쓰기 지침대로 쓰면 된다. 그의 글 쓰기 지침은 "손을 계속 움직이라. 마음 닿는 대로 써라. 보다 구체적으로 써라. 지나치게 생각하지 마라. 구두점과 문법은 나중에 걱정하라. 당신은 최악의 쓰레기라도 쓸 자유가 있다. 급소를 찔러라"이다. 나에게 골드버그의 글 쓰기 지침은 살아있는 멘토가 옆에서 이야기해 주는 것처럼 생생하게 느껴졌다. 당신도 똑같이 느꼈을 것이다. 별것 아니다 라고. 그렇다. 이제는 작가들처럼 글 쓰는 것을 행동으로 실천하면 된다.

김병완 작가는 그의 저서 『48분 기적의 책 쓰기』에서 책을 쓸 때는 다음 6단계 순서에 준해야 한다고 했다. 이 순서대로 쓰지 않으면 집필시간이 더 오래 걸리고 에너지 낭비와 스트레스가 당신을 기다린다.

1단계 : 독자에게 알려 주고 싶은 내용을 한 마디로 요약할 수 있고 독자의 시선을 끌 수 있는 마법 같은 책 제목을 만든다. 이 책의 경우 데드라인에 해당하는 '66일'을 제목에 넣음으로써 독자가 목표를 달성하겠다는 의지를 갖게 하였다. 당신의 책을 쉽게 선택하게 만드는 제목을 생각해 보라.

2단계 : 책 제목을 지탱하는 건물의 골조 역할을 하는 목차를 정한다. 골조란 건물의 기초, 기둥, 벽, 슬래브 등 중요 부재를 말한다. 구조적으로 기능발휘가 되지 않으면 사람의 안전을 위협한다. 목차도 건물의 골조처럼 서로 보강하고 조화가 되도록 작성해야 독자의 호기심을 자극하고 지적욕구를 불타오르게 할 수 있다.

3단계 : 책의 모든 내용을 요약하는 서문을 작성한다. 서문은 너무 장황하지 않되, 길지 않게 작성한다. 독자는 서문을 읽음으로써 당신이 쓴 책의 메시지를 쉽게 파악할 수 있다. 서문의 시작과 끝에 독자의 마음을 끌어들일 수 있는 성경 구절이나 명언, 고전 및 교훈을 주는 책의 문장을 인용하면 효과적이다. 서문의 전개는 결론-본론-결론의 순으로 글을 작성하면 독자의 구매 결심이 빨라진다. 독자는 결론부터 알고 싶어 한다. 독자들의 인내심을 요구하면 할수록 당신의 책은 독자로부터 사랑받기 어렵다. 그래서 서문은 결론-본론-결론 순으로 작성해야한다.

4단계 : 목차의 소주제를 세부적으로 설명하는 본문을 작성한다. 본문 역시 서문과 마찬가지로 결론-본론-결론 순으로 작성한다. 시간은 금이고 독자들은 바쁘다. 결론을 먼저 보고 싶어 한다. 나도 군대에서 대대장 직책을 수행할 때 부하가 보고내용을 장황하게 설명하면 '결론이 뭔데?' 라고 물었다. 그렇다. 지금은 결론부터 말해야 독자가 자신의 시간을 낭비하지 않는다고 생각한다. 이러한 사소한 독자의 니즈를 충족시키지 못한다면 아무리 좋은 내용을 포함하고 있어도 당신의 책은 외면 받을 수밖에 없다. 본론은 배경이나 관련 근거, 사례를 들어 설명한다. 본분은 로마 철학자 키케로의 "당신이 나를 설득하고자 한다면 당신은 반드시 나의 생각을 생각하고, 나의 느낌을 느끼고 나의 말을 말해야 한다." 말을 명심하여 쓰면 독자의 사랑을 받을 수 있다.

5단계 : 제목, 저자 소개, 기획 의도, 핵심 주제, 타깃 독자, 이 책의 장점 및 차별성, 비교 도서 분석, 마케팅 전략 및 홍보문구, 원고 완성 및 기타사항, 목차, 서문, 샘플 원고 순으로 출간기획서를 작성한다.

6단계 : 출판사 메일주소로 출간기획서를 송부한다. 출간기획서 송부 후 출판사로부터 답이 오기를 기다리지 말고 계속해서 당신이 쓰고 있는 책의 내용을 보완 및 보충하거나 다음 책을 준비하라. 그리고 출판사로부터 거절 메일이 오더라도 성장통이라 생각하고 이겨내야 한다.

7단계 : 출판사와 계약조건을 확인하고 계약한다. 처음으로 책을 내는 작가는 출판사가 너무 영세하지 않다면 계약금이 적어도 계약을 하는 것이 좋다. 출판사에서 계약하자는 제의가 없는 경우는 자신의 돈으로 출판 비용을 지불해야하므로 책을 출판하는 용기를 내는 것이 쉽지 않다. 그러므로 계약금에 목메지 마라. 만약 많은 출판사에서 제의가 들어온다면 상황은 달라지므로 계약금은 당신이 결정하면 된다.

책은 독서를 하지 않고도 진솔하게 자신의 스토리를 이야기하면서 쓸 수도 있고, 다수의 책을 읽고 정리한 내용에 자신의 스토리를 섞어서 쓸 수도 있으며, 책을 읽은 내용을 독후감 형식으로 쓸 수도 있다. 자신의 인생사를 쓰는 경우를 제외하고는 다수의 책을 읽은 후 집필을 하게 된다. 집필을 위해 다른 책에서 정리한 내용들도 자주 보지 않으면 내가 이 책을 읽었는지 기억이 가물가물한 경우가 있다. 그래서 책의 내용을 정리한 노트를 가끔 보는 것도 새로운 책을 계속 읽는 것만큼 중요하다. 책을 쓰면서 많은 사람은 자신의 과거를 되돌아보는 시간을 갖게 되고 더 많은 자료를 찾으면서 지식을 얻고 지혜를 깨닫는다. 자신의 이름이 새겨진 책의 출간과 함께 전문가의 내공이 축적되었음을 경험하고, 가장 큰 장애물인 자신을 이겼다는 기쁨에 행복감을 느끼게 될 것이다.

사람들은 시간이 나면 글을 쓰겠다고 말한다. 시간이 많다고 글을 쓸 수 있는 것은 아니다. 시간이 많으면 더 빈둥거리고 게으름을 피우는 것이 사람의 속성이다. 나중에 할 것이라면 지금 해야 한다. 글을 쓰는 것을 실천할 때 좋은 생각이 떠오른다.

• • •

"노인 한 명이 죽은 것은 하나의 도서관이 불타는 것과 같다."
베르나르 베르베르, 프랑스 소설가

우리는 유전자가 같은 사람이 하나도 없고 성장환경과 인생경험이 모두 달라서 서로 다른 내용의 글을 쓸 수 있다. 당신이 쓴 글이 독자의 니즈를 만족시키면 베스트셀러가 되거나 어느 정도의 부를 만들 수 있는 파이프 라인 역할을 할 것이다. 파이프 라인만 형성된다면 연금처럼 자동적으로 돈이 들어오는 시스템이 만들어져 안정적인 생활을 할 수 있다. 필자도 수백 권의 책을 읽으면서 작가들의 반복되는 글쓰기 이야기를 듣고 이제야 실천하고 있다.

책 쓰기는 당신도 가능하다. 나는 책을 쓰기 시작한지 66일 만에 출판사와 계약을 했다. 58세가 되기까지 교과서를 제외하면 책을 10권 밖에 읽지 않았다. 59세가 되서야 1년 동안 책 500권을 읽고 책을 쓰기 시작한 것이다. 문장력도, 논리적 사고도 보통이지만 책을 쓰고 있다. 당신도 충분히 할 수 있다. 책을 쓰겠다고 마음먹었다면 당장 실행하라. 나처럼 66일 만에 출판사와 계약할 수 있다. 확언하라. 우주에 소리치면서 반복해서 확언하라. 나는 베스트셀러 작가가 된다고 매일 아침 7시20분부터 10분간 확언을 한다. 베스트셀러 작가가 된다고 확언해야 보통 작가라도 될 수 있다. 꿈과 목표를 크게 세워라. 당신도 할 수 있다. 우리 모두는 엄청난 잠재력을 가진 존재이기 때문이다. 할 수 있다고 믿고 버티면서 즐겁게 써라. 어느 순간 작가의 위치에 있는 당신을 발견할 것이다. 나는 할 수 있다고 매일 확언하라. 우리가 평소 사용하는 언어가 우리의 행동을 지배한다.

그리고 당신이 쓰고 있는 책의 내용에 독자의 마음을 움직일 고통, 걱정, 불안, 열정, 용기, 기쁨 등의 감정을 포함하라. 독자가 공감하여 몰입할 수 있도록 당신이 겪은 경험을 생생하고 단순하게 풀어내라. 강력한 에너지는 단순함에서 만들어진다. 글을 잘 쓰려면 사족을 제거해야 한다. 감성이 이성보다 우위에 있다. 독자의 생각으로 글을 쓰고 당신의 혼을 책 속에 넣어라.

미국의 철학자 랄프 왈도 에머슨은 "행동하는데 있어 너무 소심하고 까다롭게 고민하지 말라. 모든 인생은 실험이다. 더 많이 실험할수록 더 나아진다."고 했고, 중국의 역사가 사마천은 "무릇 사람은 다 죽는다. 죽음 중에는 태산처럼 거룩한 죽음이 있는가 하면 깃털처럼 가벼운 죽음도 있다."고 했다. 태산처럼 무겁지 않더라도 무엇인가 흔적을 남기고 죽을 필요는 있다. 당신 이름의 책을 출간하는 것도 그 중 하나가 될 수 있다. 용기를 내라. 할 수 있다.

5

66일 습관 혁명을
알게 해 준 대가들

평생 읽고 책 쓰는 인생 혁명가

운동을 통한 인생 혁명가

의식을 통한 인생 혁명가

관계를 통한 인생 혁명가

평생 읽고 책 쓰는
인생 혁명가

정약용_ 조선 최고의 선비가 되다

. . .

"지금 모습 그대로는 안 된다. 불필요한 것은 걷어내고, 안 맞는 것은 버리고, 없는 것은 보태고, 부족한 것은 채워라."

정약용

다산 정약용은 우리나라를 넘어 세계에서도 인정받는 학자다. UN 유네스코는 소설가 헤르만 헤세, 사상가 루소와 함께 정약용을 '2012 세계문화인물'로 선정했다. 그는 200년 전 조선 최고의 선비로 하늘을 우러러 한 점 부끄럼 없이 살려고 노력했고, 옳다고 생각하는 것은 그 상대가 권력을 가진 자라 하더라도 끝까지 타협하지 않았다.

정약용은 40세의 나이에 천주교인이라는 죄목으로 전라도 강진으로 유배되었다. 그 누가 죄 없이 유배생활을 한다면 받아들일 수 있겠는가? 하지만 그는 유배생활의 육체적 고통과 정신적 분노, 좌절감, 슬픔 등을 책을 읽고 쓰는 것으로 승화시켰다. 그는 18년 간의 유배생활 동안 『목민심서』, 『경세유표』, 『흠흠신서』, 『대학회의』, 『민보의』, 『맹자요의』 등 500여 권의 책을 집필하였다. 이 책들은 당시 왕과 관료, 백성들에게 지침이자 기준서가 되었고, 지금의 우리들에게는 정치, 법, 도덕 등의 영역에서 가이드라인이 되어주고 있다.

정약용은 1762년에 지금의 남양주시에서 태어났다. 스물 두 살에 진사시험에 합격한 후, 성균관에 들어가 자신의 학문을 넓고 깊게 확장하여 정조의 총애를 받았다. 그는 아버지의 사상과 성호 이익의 실학의 영향을 받았다.

정약용은 백성들이 관료들로부터 착취당하거나 부당한 대우를 받지 않는 사회를 만드는데 노력했으며, 양반과 평민계급 구분이 엄격했던 시대에 인권평등 의식을 갖고 있었다. 그는 "정의로운 사회는 정의로운 마음을 가진 이들이 많아야 하고 정의롭다

고 마음먹은 것을 실천하는 행동이 늘어나야 가능한 일"이라고
했다.

정약용이 조선 최고의 선비가 될 수 있었던 이유는 무엇 때문
일까?

첫째, 『논어』·『맹자』·『중용』·『대학』·『시경』·『서경』 등을 재
해석하며 새로운 시대정신을 제시했다. 『논어』는 공자와 제자 사
이의 일상생활에 대한 문답, 공자 자신의 의식과 예절에 대한 문
제, 역사적 인물에 대한 평가 등을 포함하고 있다. 『맹자』는 맹자
와 제자들, 지도자들의 대화가 기록되어 있다. 정약용은 『논어』를
재해석하며 관념주의적 성리학에 대한 자신의 견해와 논평를 덧
붙인 주석서 『논어고금주(論語古今注)』를 통해 실천윤리적 유교의
본질을 천명하였다. 또한 정약용의 주석서 『맹자요의 (孟子要義)』
를 통해 『맹자』에 대한 자신의 견해를 밝히며 인간의 선악은 스스
로 선택할 수 있는 자주지권(自主之權)을 발휘하여 도덕을 실천할
때 선한 존재가 될 수 있다고 주장했다. 맹자가 주장한 성선설과
는 다른 견해를 보이고 있다.

둘째, 18년 유배생활의 어려운 상황에서도 500여 권의 책을
집필하여 백성과 관료들의 등불 역할을 했다. 그의 대표 저서는

『목민심서』48권, 『경세유표』48권, 『흠흠신서』30권이다.

『목민심서』를 통해 그는 청렴하지 못한 사람은 그 지혜가 짧기 때문이라고 했다. 옛날부터 지혜 있는 선비는 청렴을 교훈으로 삼고 탐욕을 경계했고 절약만 하고 쓰지 않으면 친척이 멀어지므로 기꺼이 베푸는 것은 덕을 심는 근본이라며 가난한 친구와 궁색한 친척은 힘닿는 대로 도와줘야 한다고 했다.

또한 『흠흠신서』에서는 "인명에 관한 일은 신중하고 또 신중하게 처리하라. 지방관은 평소에 법전을 숙지해서 정확하게 집행해야 한다. 증거가 부족하면 무덤을 파서라도 조사하고 죄를 뒤집어씌우려는 자는 엄히 처벌하라."고 했다.

『하피첩』에서는 "포목 몇 자, 동전 몇 닢 때문에 잠깐이라도 양심을 저버리는 일이 있으면 그 즉시 호연지기는 없어진다. 이것이 인간다운 인간이 되느냐 안 되느냐 하는 중요한 요소가 되는 것이므로 그렇게 해서는 안 된다. 대장부 가슴속에는 가을 매가 하늘로 치솟는 기상을 지녀야 되고, 천지가 눈 안에 있어야 되고, 우주도 손바닥 안에 있다는 생각을 갖고 있어야 한다. 마음과 행실을 바르게 닦고 수양하는 것은 부모에 효도하고 형제들과 우애롭게 지내는 것을 근본으로 삼아야 한다. 이 세상에서 깊은 은혜와 두터운 의리로는 부모 형제보다 더한 것이 없는데, 부모 형제를 가볍게 배반하고 있는 사람이라면 친구에게도 똑같이 행동한다. 이 점을 기억하여 모든 불효자를 가까이 하지 말고 형제끼리 깊이 사랑하지 않는 자와도 가까이 해서는 안 된다."고 했다.

셋째, 정약용은 레오나르도 다빈치처럼 다양한 분야에서 훌륭한 업적을 남겼다. 그는 정치, 경제, 건축, 발명 등에 뛰어났다. 활차와 기중기 등을 발명하여 수원 화성의 공사기간을 최초 계획기간의 오분의 일인 2년 5개월로 단축했으며 수원 화성을 계획하면서 중국과 서양의 비밀문서와 왕실의 서적, 조선후기 각 지방에서 작성한 설계도 등을 철저하게 공부하고 연구했다. 그는 수원 화성의 기본 형태와 크기, 방어시설 등을 포함한 설계도를 1년 만에 완성했다.

넷째, 백성을 진정으로 사랑하고 보살폈다. 관료들의 부패와 부조리를 개선하고자 했고 백성이 행복한 삶을 살 수 있는 환경을 만들려고 노력했다. 계급사회에도 불구하고 인간은 모두 평등하다는 의식을 갖고 실천했으며, 그는 잘못된 판결로 죄 없는 백성이 옥고를 치르거나 억울한 일이 발생하지 않게 했다.

다섯째, 자식과 제자교육에 정성을 다했다. 자식들에게 책의 중요성과 인간의 도리를 강조하고 실천하게 했다. 부자 간, 형제 간에 다툼이나 갈등이 많은 사람과는 관계를 맺지 말라고 자식들에게 말했다.

제자 황돈은 정약용에게 자신은 머리가 나빠 이해가 늦고 기억력이 좋지 않아 학문에 적합하지 않다는 고민을 털어놓은 적이 있다. 그는 황돈에게 "가장 경계해야할 것은 머리가 좋은 것이며 머리가 나쁜 사람이 발전을 하면 큰 댐이 물을 방류하듯 그 힘이 거세니 머리가 나쁜 것이 오히려 학문에 도움이 된다. 머리가 나쁜 사람이 학문에 열정을 갖고 깨우치기 시작하면 머리 좋은 사람이라고 자처하는 어느 누구도 대적할 수 없다."고 현답을 내놓았다. 황돈은 이 말에 힘을 얻어 평생 그의 가르침대로 살았고, 후학들을 가르치면서 자신의 뜻을 폈다. 황돈은 스승인 정약용의 임종을 가까이에서 지켜보고 장례까지 치른 훌륭한 제자로서 인간의 도리를 다했다.

여섯째, 지도층의 도덕성 회복을 강조했다. 그는 관료들이 도덕적으로 문제가 없도록 부여된 소임을 다할 때 비로소 백성이 계몽되고 사회의 질서를 잡을 수 있다고 주장했다.

정약용이 오늘날까지 조선시대 최고의 선비로 불리는 것은 그가 백성을 행복하게 하는 삶을 살았기 때문이다. 백성의 삶을 직접 경험하며 그들의 고통을 치유하려 노력했고, 신분 차별을 없애고 재능있는 자를 우대해야 한다는 주장을 내세웠다. 그는 모든 사람이 주인이 되는 아름다운 세상을 꿈꿨다. 그리고 도덕, 정의를 실천하여 마음의 탐욕을 끊어내어 우주와 교통하려고 했다. 마음의 탐욕을 제거한다면 우리도 우주의 기운을 언제든지 받을 수 있고, 원하는 모든 것을 이룰 수 있다.

피터 드러커_현대 경영학의 창시자가 되다

"쉬운 대안을 택하지 말고, 뭔가 차별화되는 결과를 얻도록 목표를 높게 세워라."

피터 드러커

'미래의 자본가는 지식노동자' 현대 경영학의 창시자 피터 드러커의 말이다. 그는 미래 자본가인 지식노동자로 자신의 위치를 확고히 하려면 3년 단위로 새로운 영역의 공부를 하여 잡종이 되어야 한다고 주장했다. 자신의 말을 뒷받침하듯 그는 실제로 다양한 직업을 경험했고, 3년 단위로 새로운 분야의 공부를 게을리하지 않았다. 그의 나이 90세가 넘어서까지 말이다. 그는 "당신의 목표가 돈을 버는 것이라면, 나는 당신을 측은하게 여길 것이다."라며 "우리 모두가 죽을 때 어떻게 기억되고 싶은지 고민하고 가치 있는 일을 하라."고 했다. 60여 년 동안 금융회사, 신문기자,

GM자동차회사, 교수, 작가, 강사, 컨설턴트 등 다양한 직업을 경험했던 그는 세상을 떠날 때 어떻게 기억되고 싶었을까? 피터 드러커는 한 가지 직업에만 종사하지 않고 여러 직업을 거쳐 자신의 삶의 영역을 확대해 나갔다. 그리고 다른 직업이 서로 영향을 주고받으면서 발전해 나간다는 것을 알게 됐다.

피터 드러커는 "우리가 현재 몸담고 있는 직업 외의 다른 직업을 갖고 있다면 현 직장에서 퇴사를 하게 되더라도 다른 직업에서 배운 역량으로 어려운 상황을 쉽게 극복할 수 있다."고 했다. 잘 나가는 회사가 부도나는 상황이 발생할 수 있으니 직장에 당신이 가진 시간과 에너지를 100% 쓰지 말라는 것이다. 항상 퇴사와 같은 비상 상황을 생각하고 대처해야 어려움을 겪지 않는다고 강조했다.

그는 가장 빨리 배우는 것은 가르치는 것이라 여겼다. 그래서 미국 베닝턴 대학, 뉴욕 대학에서 교수로 재직하며 학생들에게 경영, 정치, 경제, 철학, 종교 등을 30여 년 동안 가르쳤다. 그는 일하는 시간을 제외하고는 독서에 전념했다. 그에게 독서는 지식을 확장하고 지혜를 깨우치는 것이다. 그래서 피터 드러커는 늘 '새로운 영역의 독서'를 멈추지 않고 실천했다.

그렇게 95세의 나이로 임종하기 전까지 지식노동자로서 자신의 스윗스팟을 갈고 닦아 자아를 실현했고, 세계의 많은 사람들에게 경영, 자기개발, 봉사활동 등에서 선한 영향력을 끼쳤다.

당신도 미래 자본가인 지식노동자가 될 수 있다. 당신의 지식과 지혜를 이용하여 일을 하게 되고, 지식과 지혜가 당신의 부를 창출하는 생산수단이 될 것이다. 당신 머릿속의 지식과 지혜는 당신만이 소유하는 것이기에 어느 누구도 통제하지 못한다. 그러니 당신은 노트북과 핸드폰만 있으면 장소에 구애받지 않고 세계 어디에서도 일할 수 있다.

의학의 발달로 인간은 120세까지 살 수 있다고 한다. 그러니 가능하다면 지금 하는 일을 하면서 인생 후반전을 준비해야 한다. "미래를 창조하는 일의 목적은 내일 무엇을 할 것인가를 결정하는 것이 아니라, 내일을 위해 오늘 무엇을 할 것인가를 결정하는 것이다."라는 그의 말처럼 말이다.

60년 전, 피터 드러커는 지식노동자가 각자 습득한 지식과 지혜를 이용해 일하고 학습하면서 스스로를 통제하는 새로운 미래 자본가라는 것을 알았다. 그는 육체노동을 기반으로 한 제조업 산업이 두뇌를 사용하는 지식기반직업으로 일의 중심이 이동할 것이라는 인사이트를 가졌다.

그리고 자기학습 시스템을 개발했다. 그는 3년에 한 번씩 새로운 주제로 강도 높은 학습을 했다. 그는 무슨 주제든 규칙적으로 독서를 해서 읽은 책들이 어떤 연관성이 있는지 알아냈다.

그는 책을 통해 시대의 위인들로부터 지식과 지혜를 배웠다. 경영서적보다 성경을 많이 읽었다. 그렇게 다양한 직업, 독서, 교육, 책쓰기, 많은 사람과의 대화를 통해서 학습했다. 당신은 시간을 어떻게 이용하고, 마음의 수련을 위해 무엇을 하겠는가? 새로운 직업과 병행하거나 새로운 직업으로의 연착륙을 통해 인생 후반전에서 살아남기 위해서는 당신의 핵심능력과 관련된 지식과 기술을 습득해야 한다.

피터 드러커는 평생 가르치고 학습했다. 그는 30년을 학생들을 가르치고 학습하는 데 투자했다. 그가 오랜 기간 활발한 생활을 하고 항상 깨어있을 수 있었던 원동력은 지속적 학습에 있었다. 그의 인생에서 남을 가르쳤던 활동은 많은 이익을 가져다주었다. 그는 학생들에게 많은 것을 배웠다. 어떤 것을 가르치면서 어떤 주제에 대해 가장 잘 배울 수 있다고 했다. 그는 교회와 같은 비영리단체에서 자원봉사 하는 것에 자부심을 가졌다고 남들에게 무엇인가를 전수하는 것에 우선순위를 두고 의무적으로 했다.

피터 드러커는 봉사활동을 하면서 어떻게 타인의 삶을 긍정적으로 변화시킬 수 있을지 해법을 찾았다. 그는 "당신이 봉사하는 리더 직책을 수행한다면 자신의 욕구보다 자신을 따르는 사람들의 욕구를 먼저 고려해야 한다."며 현명하게 세상을 사는 방법 중 하나가 봉사하며 여러 직업을 경험하는 것이라고 했다. 돈을 쫓는 것이 우리 인생의 목적이 되어서는 안 된다고 말이다.

피터 드러커는 "자기관리가 인간과 관련된 문제에 있어서 혁명적인 것"이라고 주장했다. 자기관리는 기술이 가져온 변화보다 훨씬 더 강력하다는 것을 역사가 증명할 것이라고 했다. 조직관리가 지속적이고 광범위하게 이루어지듯이, 자기관리도 자기주도하에 지속적으로 이루어져야 한다는 것이다.

자기관리를 위해서는 무엇보다 자신에 대한 성찰이 필요하다. 피터 드러커는 1999년 출간된 『21세기 지식경영』에서 다음 다섯 가지의 자기관리를 강조했다. 첫째, 자신의 가치관과 강점을 파악하고 업무에 대한 지식을 습득한다. 둘째, 조직 내 어떤 부분에서 일을 해야 할지 파악한다. 셋째, 자신이 하는 일이 세상에 어떤 기여를 할 것인지 분석한다. 넷째, 관계에 대한 책임을 진다. 다섯째, 인생 후반부에 대한 계획을 세운다. 이 다섯 가지를 실천하는 사람은 균형 있는 삶을 살 수 있고, 창의력이 자극받아 인생의 모든 부분이 풍요롭고 윤택해진다고 했다.

우리의 남은 인생을 어떻게 보낼 것인가에 대한 해답은 지금 직업과 병행하여 할 수 있는 일을 찾는 것이다. 피터 드러커는 창조라는 단어를 사용하면서 병행직업을 찾고 개발하기 위해 노력했다. 병행직업이란 자신의 이전 직업에서 하지 않았던 것을 만들어 가는 것이다. 그래서 병행직업은 창조적인 방식으로 이루어져야 한다.

피터 드러커는 교수직을 수행하면서 병행직업으로 저술활동, 강의, 컨설팅 업무를 했다. 여러 직업에서 얻은 경험과 배운 지식, 다른 직업에서 만난 사람들과 좋은 관계는 그가 과거에 경험하지 않았던 일을 하는데 많은 도움이 되었다.

피터 드러커는 "지식은 언제나 사람에게 체화되고 사람이 갖고 다니며 사람에 의해 창조되고 개선된다. 사람에 의해 적용되고 가르쳐지며 전달된다. 사람에 의해 잘 사용되거나 오용되기도 한다. 그러므로 이러한 지식사회로의 이동은 사람을 그 중심에 두어야 한다."고 했다. 그는 죽을 때까지 3년 주기로 자신을 재창조 했으며, 자신과 같은 시대 사람들이 은퇴했거나 사망한 후에도 오랫동안 세계인에게 선한 영향력을 주는 사람으로 남는 길을 찾았다.

피터 드러커처럼 적정 기간 동안 새로운 영역의 공부를 계속하여 여러 분야의 전문가인 잡종이 된다면, 우리도 미래의 자본가인 지식노동자로서 자신의 포지션을 강력하게 구축할 수 있을 것이다.

운동을 통한
인생 혁명가

무라카미 하루키_매일 10km 달리기를 통해 최고의 소설가가 되다

• • •

"나는 소설 쓰기의 많은 것을 매일 아침 길 위를 달리면서 배웠다."

무라카미 하루키

무라카미 하루키는 일본 최고의 소설가다. 『노르웨이의 숲』
을 포함한 하루키의 많은 소설은 50개 이상의 언어로 번역되어
세계 여러 나라에서 출판되고 있다. 그가 일본 최고의 소설가로
자리매김할 수 있었던 것은 30년 동안 하루도 빠짐없이 해왔던

운동습관과 장르를 가리지 않은 독서습관, 그리고 그의 집중력, 의지력, 지속력, 창의력 때문이다.

그는 자타가 공인하는 마라톤 마니아다. 보스턴 마라톤과 같은 세계적인 마라톤 대회에서 수십 차례 완주 했으며 지금도 매일 10km를 달린다고 한다.

그는 30년 동안 비가 오나 눈이 오나 하루도 빠짐없이 달리기를 하거나 수영을 했다. 한두 달도 아닌 무려 30년 동안, 매일 운동을 해온 모습을 보면 그의 건강관리와 의지력은 가히 존경할만하다. 그만큼 그는 남이 따라 하기 힘들 정도의 의지력, 지속력, 버티기 등의 그릿(grit)을 가지고 있다.

하루키가 30년 동안 하루도 빠짐없이 달리기나 수영을 한 이유는 무엇일까? 그가 이 운동을 좋아해서이다. 덥고 비 오고 눈 오고 바람 부는 날에는 달리기를 하기 싫은 날도 있었을 것이다. 하지만 그는 그래도 자신을 다독이면서 해야 한다고 각오를 다지고 달렸다. 내가 가장 싫어하는 계절은 겨울이다. 추위를 유독 많이 타기 때문에 현관문을 열고 나가는 것 자체를 싫어한다. 그래서 겨울 달리기는 나의 계획에 없다. 하루키는 계절과 날씨를 가리지 않고 일관되게 달리거나 수영을 하는 사람이다. '지속적으로 가치 있는 일을 반복하는 사람이 성공한다.'는 말이 생각난다. 그의 운동하는 자세를 보면, 그가 왜 일본 최고의 소설가가 되었으며 소설가로 성공할 수밖에 없는지 알 수 있다.

하루키는 장편소설 쓰는 것을 즐긴다. 그는 장편소설을 쓰는 것을 야구에 비교했다. 야구는 9회 말 이후에 경기가 계속되어도 교체 선수가 나와서 자신의 포지션을 맡으면 된다. 그에 반해 장편소설을 쓰는 것은 교체할 사람이 없고 끝까지 작가 혼자 15회 말 혹은 그 이상까지 견디어 나가야 한다. 때문에 그는 장편소설을 쓰는 것은 고독한 작업이라고 했다. 그는 이 고독한 작업을 즐기면서 일본 최고의 소설가가 되었다.

그가 장편소설 쓰는 걸 즐길 수 있었던 것은 운동을 통해 체력과 건강을 유지했기 때문이다. 그의 운동은 뇌의 해마활동을 왕성하게 하여 뇌 캐비닛에 많은 자료들을 저장하게 했고 저장된 자료를 창의적으로 가공하여 일사분란하게 글로 표현했다. 운동 후 만들어진 세로토닌과 도파민 호르몬이 그가 장편소설 쓰는 것을 다른 사람보다 쉽게 했을 것이다.

하루키는 장편소설을 쓸 때 깊은 물속에서 무언가를 끌어올리는 과정이 필요하다고 했다. 뇌의 깊숙한 곳에 저장된 기억 속의 자료를 끄집어내어 글로 표현한다. 그는 정형화된 틀에서 글을 쓰면 유연성과 창의성이 떨어진다고 생각나는 대로 써내려 간다고 한다. 오전에 6시간 정도를 온전히 글을 쓰는 데에만 집중하다 보면 머리가 지끈거리고 멍해지기도 한다는데, 그럴 때면 그는 숙면을 취하거나 운동을 한다. 그렇게 에너지와 의식을 정상궤도에 올려놓고 다시 글 쓰는 것을 반복한다.

그가 며칠 동안 열정을 다해 쓴 글은 양생 기간을 갖는다. 우리가 사는 아파트는 대부분 콘크리트 구조물이다. 콘크리트는 처음에는 말랑거려 힘이 없지만 말리는 과정인 양생 시간이 지나면 건물 수명이 100년, 그 이상도 간다. 장편소설도 심혈을 기울여 일정기간 동안 썼다면 장시간 휴식을 취하거나 다른 일에 집중해야 한다고 했다. 그는 일정 양생기간이 지난 후, 써놓은 장편소설 원고를 수정하고 보완하는 중에 창의성이 나온다고 한다. 이것은 우리가 학창시절 수학문제를 못 풀어서 끙끙거리다가 화장실에 갔다 와서 보면 쉽게 풀리는 것과 같은 이치다.

뇌는 우리 몸에서 중 가장 중요한 기능인 조정 통제를 하는 컨트롤 타워이다. 뇌도 휴식이 필요하다. 우리 뇌는 우리가 멍 때리고 있어도 쉼 없이 혼자서 정리한다. 뇌가 혼자서 정리하는 시간을 주는 것이 콘크리트를 양생하는 시간에 비유할 수 있다. 콘크리트를 타설한 후 일정시간이 지나면 모진 비바람과 눈, 태풍, 작은 규모의 지진도 견디어 내는 것처럼 장편소설을 일부분 마무리한 작가들도 일정기간 휴식을 하고 다시 보면 소설의 깊이와 맛을 더 한층 올릴 수 있다.

하루키는 소설을 잘 썼다는 자신만의 확실한 느낌만 있으면 아무것도 두려워하지 않고 그 다음은 시간의 손에 맡긴다. "시간을 소중하게, 신중하게, 예의바르게 대하는 것은 곧 시간을 자신의 편으로 만드는 것"이라고 생각했다. 그는 시간을 주도적으로 관리하고 사용한다.

하루키는 본인 스스로는 자신의 소설의 작품성에 대해 알지 못한다고 한다. 그 작품이 우수한지, 우수하지 않은지는 소설을 읽은 독자가 판단하는 것이라고 했다. 그리고 그 소설에 대한 가치를 명확하게 알려면 어느 정도의 시간이 흘러야 알게 된다는 것이다. 다시 말해, 작품의 진짜 우수성을 판정해 주는 것은 시간이라는 뜻이다. 작가는 그것을 오롯이 받아들이면 된다는 것이다.

하지만, 하루키는 자신의 소설에 대해 '시간이 있었으면 좀 더 잘 썼을 텐데'라는 생각은 하지 않는다고 한다. 작품을 잘 못 쓴 것이 있다면, 자신이 아직 작가로서 부족하기 때문이라고 했다. 하지만 그것을 부끄러워할 일은 아니라고 덧붙였다. 부족한 역량은 노력해서 채울 수 있으니 말이다. 다만, 그 기회를 잃어버리면 돌이킬 수 없다는 것도 반드시 기억하라고 했다.

인간의 뇌는 한 가지 일을 집중적으로 생각하면 과열 상태에 빠지기 쉽다. 한동안 머리가 멍해지는 현상이 이 때문이다. 하루키도 마찬가지였다. 그래서 그는 오후에는 뇌가 쉴 수 있도록 낮

잠을 자기도 하고, 음악을 듣거나 가벼운 책은 책을 읽는다고 한다. 이렇게 매일매일 같은 일상을 반복했고, 이것은 그의 생활패턴이 되었다. 그가 이런 지속력을 습관으로 들인 방법은 간단하다. 기초체력이 뛰어난 몸을 만들어 자신의 몸을 한편으로 만든 것이다.

날마다 대여섯 시간씩 책상의 컴퓨터 앞에 혼자 앉아 의식을 집중해서 이야기를 만들고 글을 쓴다고 생각해 보라. 어지간한 체력으로는 도저히 감당하지 못한다. 하루키도 다르지 않았다. 젊은 시절에는 그리 어려운 일이 아니었겠지만 나이가 들면서 몸에 변화가 생겼다. 체력이 떨어지는 것은 당연했고 근육은 약해지고 지방이 늘었다. 거기에 순발력도, 지속력도 저하됐다. 이런 노화를 방지하려면 체력유지를 위한 규칙적인 운동이 필수다. 체력이 떨어지면 사고 능력도 떨어지기 마련이다. 하루키도 예외는 아니다. 그래서 그는 작가에게 군살이 붙으면 끝장이라고 경고했다.

하루키는 육체적인 운동과 지적인 작업의 조화는 매우 중요하다고 생각했다. 그래서 달리는 습관을 끈질기게 유지해 온 것이다. 30년은 상당히 긴 세월이다. 그만한 세월 동안 줄곧 한 가지 습관을 변함없이 유지하려면 많은 노력이 필요하다. 몸 컨디션이 좋지 않을 때, 달리고 싶지 않은 기분이 드는 날에도 '이건 내 인생에서 하지 않으면 안 되는 일이다.'라고 스스로 되뇌면서, 하루키는 그냥 달렸다고 한다. 이 생각은 나태해진 그의 등을 밀어 주었다. '오늘도 달려보자.'라고 격려하며 하루키는 자신을 다독였다.

하루키가 생각하는 소설가의 기본은 이야기를 하는 것이다. 이야기를 하려면 어떻게 해야 할까? 자신의 깊은 내면을 들여다봐야 한다. 하루키는 이를 '자신의 의식 하부에 내려간다.'라고 표현했다. 자신이 들춰내지 않았던 어두운 밑바닥까지 내려가 들여다봐야 한다는 것이다. 그래야 굵직한 이야기를 할 수 있다. 튼튼한 고층 빌딩을 짓기 위해 지하 깊숙이 파들어가 기초를 다지는 것과 같은 것이다.

이런 일련의 과정을 장기간에 걸쳐 지속시키려면 무엇보다 삶의 방식이 중요하다. 인생은 마라톤과 같아서 초반에 스퍼트를 내면 얼마 지나지 않아 지치기 마련이다. 서서히, 그러나 꾸준히 육체를 강하게 단련해야 한다. 육체는 영혼을 담는 틀이다. 육체가 건강해야 정신도 건강해지는 법이다. 그러려면 육체를 잘 유지하기 위한 노력이 필요하다. 건강한 육체 없이, 단지 의지만으로 영혼을 강력하게 만든다는 것은 불가능에 가깝다.

하루키는 "육체적인 힘과 정신적인 힘이 자동차의 양쪽 두 개의 바퀴와 같은 역할을 한다."고 했다. 자동차의 양쪽 바퀴가 균형이 맞아야 주행이 가능한 것처럼, 육체적인 힘과 정신적인 힘이 균형을 잡고 제 기능을 다할 때 강한 힘이 생긴다는 것이다.

여기서 간과하면 안 되는 것이 있다. 하루키가 운동만 열심히 한 것이 아니라는 점이다. 운동은 소설가로 살아가는 그의 체력을 길러준 것이고, 그가 최고의 소설가가 될 수 있었던 그 이면에는 '독서'가 바탕이 되어 있다.

하루키는 다양한 종류의 책을 닥치는 대로 읽었다. 그에게 책은 맛있게 요리한 음식과 같다. 한 권, 한 권 읽을 때마다 책이 주는 맛에 빠져 독서 외에는 다른 것은 생각할 여유가 없었다고 한다. 머릿속은 온통 책으로 가득 차 있었다.

만약 하루키가 많은 책을 읽지 않았다면 어땠을까? 우리는 『노르웨이의 숲』과 같은 명작을 만나지 못했을 것이다. 하루키는 "소설을 쓰려면 책을 많이 읽어야 하고 인간을 묘사하려면 사람을 많이 알아야 한다."고 했다. 그에게 독서는 하나의 학교였다. 책은 그를 위한 맞춤형 학교였고, 그 안에서 지식과 지혜, 그리고 사람들의 이야기, 인생을 몸으로 배웠다. 하루키의 학교에서는 그저 편안한 마음으로 책만 읽으면 됐다. 시험도, 학칙도 없으며 친구들과의 경쟁도, 따돌림도 없다.

하루키는 30년 동안 매일 10km 달리기와 수영을 해서 자신의 건강을 지키고 마음 수양을 해서 일본 최고 소설가의 꿈을 이루었다. 그의 게으르고 약한 마음이 하루 정도 달리기나 수영을 거르자고 유혹을 해도 이를 이겨내고 운동을 한다.

하루키가 일본을 넘어 세계적인 소설가가 된 이유는 그의 꾸준한 운동, 엄청난 독서량과 몰입능력이다. 꾸준한 운동과 다독을 당신의 습관으로 만들어보라. 운동과 다독을 바탕으로 글을 쓸 때 몰입한다면, 당신도 하루키와 같은 저명한 작가가 될 수 있다. 규칙적으로 운동하고 책 읽고 몰입해서 글을 쓰자.

의식을 통한
인생 혁명가

에이브러햄 링컨_노예를 해방시키고 최강대국 미국의 초석을 놓다

링컨은 미국의 16, 17대 대통령을 역임했다. 그는 모든 미국 국민의 평등을 위해 노예를 해방시켰고 세계 최고 국가의 기초를 마련했다. 링컨은 성경공부, 꾸준한 독서, 어머니의 교육, 타고난 좋은 인품을 기반으로 지혜를 깨우치고 사랑, 인간존엄, 평등, 정의, 정직, 관용, 배려, 존중, 겸손, 자유, 용기 등의 높은 에너지 수준의 의식으로 대통령 직분을 성공적으로 수행하여 미국 역사상 가장 위대한 대통령이 되었다.

링컨은 켄터키 주의 가난한 농민의 통나무집에서 태어났다. 가정 형편이 어려워서 일생동안 14개월의 정규교육만을 받았다. 첫 사랑이 변호사와 결혼하고 싶다하여 변호사가 되었다. 그는 변호사로 활동하면서 힘없고 소외받는 약자들을 위해 변호했다. 그렇게 그는 지역주민들의 신뢰를 얻었고 인간은 평등해야 한다는 것을 깨달았다. 모든 국민이 평등하려면 무엇보다 흑인노예가 해방되어야 한다는 것이 그의 생각이었다. 이를 실현하기 위해서는 큰 목소리를 낼 수 있는 위치에 올라야 했고 그는 하원의원 선거에 출마하여 하원의원이 되었다. 하지만, 이후 상원의원 선거에서는 패배를 거듭했다. 상원의원은 되지 못했지만 대신 대통령이 되겠다는 꿈을 꾸었다.

링컨은 대통령이 되기 위해서 먼저 국민에게 자신을 홍보해야 한다고 생각했다. 이를 위해 1858년 일리노이 선거에서 링컨과 더글라스의 정치적 논쟁 관련 내용으로 책을 출간했다. 운 좋게 이 책은 베스트셀러가 됐고, 링컨이 대통령 선거에서 승리할 수 있는 교두보를 만들어 주었다.

1860년 11월, 그는 노예제도를 반대하는 이들의 직극적인 지지를 받아 마침내 미국의 16대 대통령에 당선됐다. 하지만 링컨이 대통령에 당선되자, 노예제도를 찬성하는 남부지역의 반발이 날로 거세졌고 결국 남부의 7개 주가 '남부 연합'이라는 나라를 세우며 미국으로부터 분리를 선언했다. 이는 남북전쟁 발발의 계기가 되었다. 1861년에 시작된 남북전쟁은 링컨의 대통령 재임 기간 내내 계속되었다. 단기간에 끝날 것 같았던 전쟁은 끝이 보이지 않았다. 하지만 링컨의 노예제 폐지 의지는 강력했다. 한창 전쟁 중이었던 1863년 1월, 그는 인간의 평등과 존엄성에 반하는 노예해방 선언서를 낭독했고, 이후 노예제도 폐지를 이루어냈다.

링컨이 대통령의 직분을 성공적으로 수행할 수 있었던 것은 다름 아닌 사랑, 평등, 정의, 정직, 관용, 배려, 존중, 겸손, 자유, 용기 등의 높은 에너지 수준의 의식을 항상 지니고 몸소 행동으로 실천하였기 때문이다. 그의 높은 에너지 수준의 의식은 다음 네 가지로 형성되었다.

첫째, 새어머니 새러의 영향이다. 링컨의 친어머니는 링컨이 9살 때 우유병으로 세상을 떠났다. 아버지는 어머니가 돌아가시고 1년 후 재혼했다. 새어머니 새러는 링컨에게 친자녀 이상으로 아낌없는 사랑을 쏟았다. 자녀 누구도 사랑에 메말라 하지 않도록 정신적으로 지원했다.

사랑을 받아본 사람만이 사랑할 줄 안다고 한다. 링컨이 다른 사람에 대한 배려, 존중, 겸손의 인성을 가진 이유는 새어머니의 아낌없는 사랑과 가정교육 덕분이었다. 새어머니는 링컨의 가장 좋은 친구였고 성장기의 링컨에게 선한 영향력을 준 멘토이자 스승이었다.

둘째, 성경읽기와 독서이다. 링컨은 성경을 거의 외우다시피 했다. 성경을 통해 하나님과 예수의 사랑을 배웠고 생활 속에서 이를 실천했다. 새어머니는 링컨에게 『천로역정』, 『로빈슨 크루소』 등의 책을 읽게 했다. 링컨은 이 책들을 가까이 두고 반복해서 읽고 또 읽었다. 반복 읽기는 링컨의 높은 에너지 수준의 의식을 갖게 했고, 토론하고 말하는 방법을 알려주었다. 링컨의 지식이 확장되는 것을 보고 새어머니는 윌리엄 스콧의 『웅변연습』이라는 책을 읽게 했다. 이 책을 읽고 링컨은 노예해방을 위해 최선을 다하는 정치가가 되는 꿈을 꾸게 되었다.

링컨은 새어머니가 준 책만으로는 독서 욕구를 만족시킬 수가 없어서 도서관에서 책을 빌려 읽기 시작했다. 단순히 책을 읽는 데에서 그치지 않고 책을 암송했으며 그 내용을 평평한 통나무 위에 쓰는 일을 반복했고, 새어머니에게 읽은 책에 대해 설명했다. 링컨의 뛰어난 언변능력은 새어머니에게 책에 대해 설명을 하는 좋은 습관을 통해 향상되었다.

셋째, 타고난 성품이 훌륭했다. 고향 스프링필드에서 그는 정직한 링컨으로 주민들에게 알려졌다. 상원의원 선거 당시 정적이었던 더글라스 의원은 남북전쟁 때 노예해방 문제로 어려움을 겪고 있는 링컨을 돕기 위해 나섰다. 그 이유는 링컨이 겸손하고 정직했기 때문이었다고 한다. 수어드 국무장관 링컨은 용기 있는 대통령이라고 칭찬했다.

넷째, 기도의 힘이다. 링컨의 백악관 생활 4년은 전쟁으로 시작되어 전쟁으로 끝났다. 대통령 재임기간 내내 내전으로 고뇌했던 대통령은 세계 역사상 몇 명 되지 않는다. 링컨은 남북전쟁 중에 끊임없이 기도를 했다. 나라와 민족을 위해, 빠른 전쟁 종식을 위해, 노예해방을 통한 모든 국민이 평등한 나라를 위해, 그리고 이러한 모든 것을 감당할 수 있는 대통령이 될 수 있도록 능력을 달라고 기도했다. 그렇게 그는 기도를 통해서 사랑, 정의, 겸손, 배려, 관용 등을 실천하는 힘을 만들어 냈고 실천했다.

그의 의식능력을 알 수 있는 유명한 연설이 있다. "이 나라에 새로운 자유의 터전을 이룩합시다. (중략) 국민의, 국민에 의한, 국민을 위한 정부가 이 지구상에서 영원히 멸망하지 않도록 우리 함께 노력합시다." 게티스버그에서 그가 한 연설 중 일부이다. 이 연설에서 '자유의 터전', '국민에 의한' 이란 말을 통해 링컨의 의식체계를 알 수 있다. 지켜야 할 것은 자유이고 모든 힘의 근원은 국민이라는 것을 함유한다. 그는 절반이 노예이고 절반은 자유인인 상태로 국가가 영구적으로 지속될 수 없고, 헌법이 백인과 흑인 모두에게 권리를 주고 있으며, 연방이 분열 되어서는 안 된다고 주장했다. 이 연설문에서 링컨의 평등, 자유, 통합 등의 의식을 알 수 있다.

링컨의 높은 에너지 수준의 의식은 병사 일화를 통해서 엿볼 수 있다. 남북전쟁 시 부상당한 병사들이 입원한 병원을 방문한 링컨은 부상이 심한 병사의 곁에 가서 물었다. "내가 당신을 위해 할 수 있는 일이 뭐 없겠소?" 병사는 자신을 대신해 어머니께 편지 한 통을 대신 써달라고 요청했다. 부상이 심하여 먼저 세상을 떠나더라도 슬퍼하지 말라는 내용이었는데, 기력이 다한 병사는 마지막 끝맺음 말을 하지 못했다. 이에 링컨은 병사를 대신하여 편지에 서명을 한 뒤 '당신의 아들을 위해 에이브러햄 링컨이 이 편지를 대필했습니다.'라고 썼다. 이를 본 병사는 자신의 편지를 대신 써준 이가 대통령이라는 것을 알고는 화들짝 놀랐다. 하지만 링컨은 그저 맞다고 조용히 대답할 뿐이었다. 그리고는 가만히 젊은 병사의 두 손을 잡아주었다. 링컨의 눈에는 말로 표현할 수 없는 안타깝고 비통한 마음으로 눈물이 가득 고여 있었다.

링컨이 대통령의 직분을 성공적으로 수행할 수 있었던 것은 평등, 사랑, 용서, 배려, 인내 등의 에너지 수준이 높은 의식을 실천한 결과였다. 그는 남부 출신 배우에게 노예해방에 대한 앙갚

음으로 저격되었지만 그의 높은 에너지 수준의 의식과 정신은 후대 사람들의 가슴속에 영원히 살아있을 것이다.

링컨처럼 우리도 책을 가까이하고 기도하며 높은 에너지 수준의 의식으로 무장하여 세상에 도전한다면 이루지 못할 것이 없고 두려워 할 것이 없다.

관계를 통한 인생 혁명가

세종대왕_신하들과의 관계 혁명으로 성군이 되다

. . .

"충녕은 비록 몹시 추운 때나 몹시 더운 때를 당하더라도 밤이 새도록 글을 읽는다. 중국의 사신을 접대할 적이면 외모가 빛나고, 언어동작이 두루 예에 부합하였다. 그는 비록 술은 잘 마시지 못하나 적당히 마시고 그친다."

태종실록

세종은 조선의 역대 임금 중에서도 지독한 독서가로 알려져 있다. 그는 엄청난 양의 독서를 통해 자신의 내면을 갈고 닦았다.

이렇게 갈고 닦은 좋은 인품은 신하들을 사랑과 배려로 감싸 안게 하였고 좋은 인간관계를 만드는 근간이 되었다.

세종은 조선왕조 4대 임금으로, 1418년 22세의 나이에 임금의 자리에 올랐다. 1420년에 집현전이라는 연구기관을 만들어 역사, 정치, 경제, 군사, 의약, 음악 등에 관한 각종 저서를 편찬하게 했다.

집현전 학자들이 밤을 새워가며 학문을 연구하던 어느 겨울밤, 세종은 대궐 뜰을 걷다가 불빛이 새어나오는 곳을 발견했다. 신숙주가 늦게까지 연구하고 있는 것을 확인하고, 그가 잠이 들었을 때 임금의 곤룡포를 신숙주에게 덮어주게 했다. 신숙주는 아침에 이 사실을 알고 임금의 사랑에 눈물을 흘렸다. 세종은 집현전의 학자들을 아끼고 사랑했다. 학자들은 세종의 아낌없는 배려 속에서 더욱 학문에 열중했다. 세종의 신하를 사랑하는 마음이 신하들의 마음을 움직여 혼신을 다해 국가 일에 충성하게 했다.
이렇게 세종의 신하에 대한 사랑은 각별했다. 신하 강희맹은 "세상에 완전한 사람도 없고 전능한 사람도 없다. 사람의 결점만 지적 한다면 아무리 유능한 사람이라도 벗어날 수 없다."고 했다. 세종은 반역자의 아내와 토굴에서 간통하던 황희를 용서하고 18년 동안 정승의 직책을 수행하게 했다. 세종의 신하를 배려하는 마음은 황희를 소인배에서 청렴한 정승으로 변화시켰다.

세종은 인재를 얻어 맡겼으면 의심하지 말고, 의심이 있으면 맡기지 말아야 한다는 신념을 갖고 있었고, 신뢰를 기반으로 신하들을 대했다. 세종은 정치보복을 하지 않았다. 황희는 태종의 셋째 아들인 세종의 왕세자 책봉을 반대하여 세종에게는 정적이나 다름없었으나 황희에게 정승이라는 중대한 직위를 주었다.

세종은 신하를 칭찬하고 그의 말에 힘을 실어 주는 왕이었다. 그는 황희에게 "경은 세상을 다스려 이끌 만한 재주와 실제 쓸 수 있는 학문을 지니고 있고, 정사와 형벌을 의논할 때면 저울대이다."라고 칭찬했다. 노비출신 장영실을 정5품의 벼슬로 승진시키려 하자 여러 신하들이 반대했는데, 황희는 "과거에 용맹이 출중한 관노 김인을 무관으로 발탁했던 것처럼 이번에도 그렇게 하자"고 간언했다. 이에 세종은 황희 말대로 하라고 했다.

그는 경청하는 군주였다. 경연 등 어전회의에서 왕의 말을 최소화함으로써 신하들로 하여금 속마음을 터놓을 수 있게 했다. 신하 허조는 임종 시에 "우리 임금은 말하면 들어주시고 간언하면 행하셨다."고 했다.

세종은 신하들과 토론하는 정치를 펼쳤다. 왕의 잘못을 모두 직언하게 하고 긴급 사안 발생 시 한 자리에 모여 의논했다. 소수의 생각도 무시하지 않고 끝까지 경청했으며 한 사람의 논리만 가지고 결정을 내리지 않았다.

세종의 신하와의 편안한 관계는 경연내용을 통해 엿볼 수 있다.

정초 : 조선 백성의 생계가 비록 아내를 팔고 자식을 파는 처지에는 이르지 않았습니다. 그러나 전하께서 오늘날의 마음을 잊지 마시기 바랍니다.

세종 : 내가 마땅히 마음 깊이 품어 잊지 않겠노라. 그런데 백성들이 살아가는데 어찌 곤궁한 사람이 없겠느냐?

탁신 : 입을 것도 없고 먹을 것도 없이 곤궁하여 하소연할 데가 없는 사람이 여염 사이와 촌향 가운데 혹시 있을지 모릅니다.

세종 : 내가 궁중에서 나고 자랐으므로, 민생의 간고한 것을 다 알지 못한다.

정초 : 여염집 백성들을 찾아서 물으면, 알 수 있을 것입니다.

세종실록

훌륭한 지도자 밑에서는 좋은 신하가 나올 수밖에 없다. 신하들이 임금을 본받기 때문이다. 훌륭한 임금과 신하들이 있어 나라가 더욱 발전하는 것이다. 크게 될 사람은 떡잎부터 다르다. 공부를 게을리하지 않고 어질고 착하며 부모에게 효도하고, 앞날을 내다보고 미리 준비한다. 신하들과의 좋은 인간관계는 세종대왕이 독서로부터 깨우친 지혜를 실천하였기 때문에 가능했다.

세종은 형제간의 우애를 중요하게 여겼다. 세종에게는 3명의 형제가 있었다. 성녕대군, 효령대군, 양녕대군이다. 성녕대군은 일찍 세상을 떠났고, 효령대군은 스님이 되었으며, 세자 자리를 내준 맏형 양녕대군은 멀리 떨어져 살았다.

세종은 양녕대군의 자리를 차지한 것 같아 항상 미안한 마음을 가지고 있었다. 양녕대군은 임금의 형제라는 높은 신분이었지만 자신의 의지대로 함부로 다닐 수도 없었고 행동거지를 각별히 조심해야 했다. 임금의 자리가 위태로워지면 임금의 형제들은 목숨을 부지하는 것이 어렵다. 하지만 세종은 형들과 좋은 관계를 유지했다. 세종은 양녕대군에게 "형님 봄도 되었으니 답답하시면 평양에나 다녀오시지요. 그러면 마음이 좀 풀리실 것입니다. 아무 걱정 마시고 즐겁게 노시다 오십시오."라고 글을 적어 보냈다. 양녕대군이 살고 있는 곳을 떠나 다른 곳으로 움직이려면 임금의 허가가 있어야 했다. 세종은 어려서부터 형인 양녕대군과 효령대군, 동생인 성녕대군의 마음을 헤아렸다. 그런 세종이었기에 꽃 피고 새 우는 봄날, 양녕대군이 어떤 마음을 갖고 있을지 짐작하고 있었던 것이다. 대신들의 염려에도 불구하고 세종은 양녕대군을 궁궐로 불러들여 가끔씩 술자리를 마련하여 함께 시간을 보내며 형제간의 좋은 관계를 지혜롭게 지속시켰다.

세종대왕처럼 좋은 인간관계를 유지하려면 독서하고 사색하며 자신을 되돌아보면서 내면을 갈고 닦아야 한다. 아름다운 내면이 좋은 인성으로 드러나기 때문이다. 독서는 인간관계의 어려운 문제들을 지혜롭게 해결하는 방법을 알려준다.

나이 60! 지난 60년의 나의 인생을 돌아보면서 글을 썼다

학창시절에는 시간이 빨리 가서 어른이 되고 싶었는데, 이제
는 반대다. 학창시절로 돌아가고 싶다. 낭비했던 시간이 너무 아
까워서. 학창시절로 돌아가면 1분1초의 시간도 아끼면서 가치있
게 쓸 것 같고, 매 순간 행복을 느끼면서 살 수 있을 것 같다. 학생
이 무슨 행복이냐고, 공부나 하라고 할지도 모르겠다. 즐기는 공부
를 한다면 행복한 것 아닌가? 나는 학창시절에 공부를 왜 하는지
몰랐다. 그냥 했다. 선생님이 숙제 내주어서 숙제했고, 친구가 공

부해서 옆에 앉아서 공부했다. 부모님 말씀 잘 듣는 착한 아들로 효도하려고 공부했다. 이렇게 기계적으로 살았던 내가 한심스럽다. 학창시절의 나는 사상누각 그 자체였다. 모래 위에 집을 지었다. 나의 존재 목적은 무엇인지, 내가 목숨보다 아끼고 지켜야 할 것은 무엇인지, 무엇을 위해 공부하는지, 어떤 사람으로 기억되고 싶은지, 나는 어떤 인성을 가지고 있는지 등에 대한 철학 및 인문학적 성찰 없이 그냥 살았다. 부화뇌동했다. 참 주인으로 살지 못한 삶은 가치가 없다. 이제는 돌이킬 수 없어 후회만이 남는다.

지금의 학생들에게 영어나 수학보다 인문학, 철학, 인성 등에 대한 교육이 선행되어야 한다. 공부가 누구를 이기고 지배하기 위한 목적이 되어선 안 된다. 대부분의 사람은 공부를 많이 한 것을 신무기를 가지고 있는 것으로 생각한다. 신무기보다 중요한 것은 사람 됨됨이다. 사람이 먼저 되어야 한다. 학창시절 나는 사람인 줄 알았다. 아니 사람인 것처럼 살았다는 표현이 맞는 것 같다.

나는 학생들이 자존감, 도덕성, 정의감, 배려, 사랑과 같은 의식으로 무장하여 원칙과 상식의 틀 내에서 마음이 편안하고 행복한 삶을 살기를 간절히 바란다. 행복한 삶을 살기 위해서는 한 가지 방법이 있다. 독서를 하면 된다. 누가 시켜서 하는 독서가 아닌 자발적인 독서로 자신의 내면을 아름답게 만들어 외면으로 좋

은 인성이 자동적으로 드러나게 해야 한다. 행복한 삶은 독서가
답이다.

직장생활 37년! 군대에서 30년, 군 제대 후 7년

나는 진급하기 위해, 별을 달기 위해, 먹고 살기위해 달리고
또 달렸다. 앞만 보고 달렸다. 독서, 인간관계, 의식의 중요성을
깨닫지 못했고 실천하지 않아서 별을 다는 나의 꿈을 이루지 못
했다. 30년 동안 군에 있으면서 읽은 책이 겨우 10권이다. 그동
안 무엇을 하고 무슨 생각을 하고 살았나? 하고 내 자신에게 질문
을 던졌다.

군 제대 후 내가 가장 잘한 것이 인생 2막에 가장 우선적으로
해야 할 버킷리스트 두 가지를 정하고 실천한 것이다. 첫째 독서,
둘째 운동이다. 많은 것은 못하더라도 이 두 가지만은 반드시 하
겠다고 마음먹었다.

2019년 1월 1일부터 66일 동안 책 200권을 읽는 목표를 세웠
다. 하루에 3~4권의 책을 읽었고 책 200권을 읽는 목표를 달성했

다. 66일 동안 책 200권을 읽는 목표달성 후 책에서 얻은 지식과 지혜로 엄청난 행복감을 느꼈고 자신감을 얻었다. 이렇게 시작한 독서로 2019년 한 해에 500권의 책을 읽었다. 30년 동안 10권을 읽었는데, 1년 동안 500권을 읽은 것은 내가 상전벽해와 같은 발전을 했다는 것을 의미했다. 독서를 1년 동안 포기하지 않고 꾸준히 했던 나 자신을 칭찬했다. 무엇보다 책을 읽고 두려움에 떠는 내 자신을 발견하여 해결책을 찾았고 마음 수양을 했다.

지금 책을 쓰고 있다. 이 책을 읽는 독자는 내가 진급, 보직 등의 스트레스로 인해 화병에 걸려 13년 동안의 극심한 심장 고통과 같은 육체적 고통을 겪지 않고 건강한 삶을 살기 바란다. 스트레스 없는 건강한 삶을 살기 위해서는 인생을 살아감에 있어 빙 둘러서 가서는 안 된다. 백세시대, 인생 100년! 꿈을 이루는데 있어서 빙 둘러가기에는 시간이 너무 아깝다. 지름길을 찾아야 한다. 사람들은 지름길을 찾기 위해 고수나 멘토를 찾는다. 고수나 멘토를 주변에서 찾지 못한다면 책이 당신의 고수가 되고 멘토도 되어줄 것이다. 책을 읽어라. 당신이 고생을 덜하고, 시간을 아끼면서 무엇을 해야 하는지 안내해 줄 것이다. 나는 독서를 하지 않아 13년 동안 극심한 심장의 고통을 외롭게 견뎌야 했고, 인간관계나 의식 수준이 보통인 삶을 살았다. 이 책을 읽는 독자들은 독서를 통해 인간관계, 의식수준이 보통 이상인 삶을 살기를 간절히 바란다. 독서를 하면 가능하다.

　나의 두 번째 버킷리스트는 운동이다. 나는 출퇴근 시 생활 속 걷기와 최애 운동인 아이스 스피드 스케이팅과 인라인 스케이팅을 하면서 강인한 체력을 만들었다. 하루 종일 책상에 앉아서 책을 봐도 거뜬하다. 안경과 렌즈를 쓰지 않는데도 잘 보인다. 무슨 일을 하든지 자신감이 충만해 졌다. 나이 60은 숫자에 불과하다. 생활 속 운동을 실천하라. 최애 운동을 만들어라. 꾸준한 운동으로 기운생동(氣運生動)한 당신의 몸은 당신이 꿈꾸는 모든 것을 이루게 할 것이다.

　다섯 가지 습관 혁명 중 독서 혁명과 운동 혁명을 먼저 실천하면 관계 혁명, 의식 혁명, 쓰기 혁명은 자동적으로 실행된다. 독서 혁명과 운동 혁명부터 시작하라. 고대 그리스 철학자 플라톤은 "신이 인간에게 준 성공에 대한 두 가지 도구는 교육과 운동이고, 둘을 함께 추구해야만 완벽함에 이를 수 있다."고 했다. 플라톤이 말하는 교육에는 독서도 포함된다. 신은 당신에게 무한한 능력과 잠재력을 주었다. 당신의 무한한 능력과 잠재력을 바탕으로 다섯 가지 습관 혁명을 실천하면 성공자로 우뚝 설 것이다. 확신한다.

　40여 년 동안 독서를 하지 않아 인간관계나 의식수준이 보통인 나를 옆에서 사랑과 인내로 내조해준 아내 경아, 일곱 번의 전학에도 불구하고 반듯하게 자라준 사랑하는 아들 한울, 원고 교정에 심혈을 기울인 예쁜 딸 한별, 평생에 삶의 짐을 지어주었는데도 내색 한 번 하지 않고 오늘이 인생의 마지막 날인 것처럼 열정으로 자신의 길을 개척해 나가는 사랑스러운 동생 주승, 우리 형제들에게 하나님의 사랑을 전해준 동생 주현, 그리고 15사단·1901도하단·미 2사단·6공병여단·8사단·1공병여단·아프가니스탄 다산부대·1군사령부·12사단·육군본부·아프가니스탄 오쉬노부대·한미연합군 사령부에서 함께 땀 흘리며 근무했던 전우들에게 이 책을 바친다.

| 참 고 문 헌 |

■ 한근태,『일생에 한번은 고수를 만나라』미래의 창, 2013

■ 박현모,『세종처럼』미다스북스, 2012

■ 무라카미 하루키,『직업으로서의 소설가』현대문학, 2016

■ 박수현,『웰니스(뇌를 바꾸는 운동 혁명)』렌덤하우스코리아, 2010

■ 김승호,『돈의 속성』스노우폭스북스, 2020

■ 데이비드 호킨스,『의식 혁명』판미동, 2011

■ 브라이언 트레이시,『백만불짜리 습관』용오름, 2005

■ 공병호,『공병호, 탈무드에서 인생을 만나다』해냄, 2016

■ 사토 히토시,『피터 드러커, 그가 남긴 말들』알에이치코리아, 2013

■ 이지성,『꿈꾸는 다락방』국일미디어, 2009

■ 김상운,『와칭2』정신세계사, 2016

■ 시화,『살면서 의지해야 할 9종류의 사람』글로벌, 2006

■ 노무현,『노무현이 만난 링컨』학고재, 2001

■ 이수광,『공부에 미친 16인의 조선 선비들』해냄, 2012

- 스샤오엔, 『내 편이 아니더라도 적은 만들지 마라』 다연, 2021

- 이토 요이치, 『1분 전달력』 움직이는 서재, 2018

- 이서윤, 『더 해빙』 수오서재, 2020

- 정약용, 『내가 살아온 날들』 스타북스, 2012

- 피터 드러커·프랜시스 헤셀바인·조안 스나이더 컬, 『최고의 질문』 다산북스, 2017

- 김태광, 『박정희 스타일』 글로세움, 2011

- 에크낫 이스워런, 『마음의 속도를 늦추어라』 비움, 2010

- 김옥림, 『법정 마음의 온도』 미래북, 2018

- 박재희, 『1일 1강 논어강독』 김영사, 2020

- 김병완, 『48분 기적의 책쓰기』 플랫폼연구소, 2021

- 안상헌, 『책을 읽어야 하는 10가지 이유』 북포스, 2009

- 박시현, 『나는 된다 잘 된다』 유노북스, 2020

- 한창욱, 『걱정이 많아서 걱정인 당신에게』 정인미디어, 2018

- 우에니시 아키라, 『간절히 원하면 이루어진다』 창작시대사, 2019

- 팸 그라우트, 『E3(신이 선물한 기적), 알키, 2015』

- 앨렌 스테인 주니어·존 스턴펠드, 『승리하는 습관』 갤리온, 2020

- 김문재, 『진짜 나로 서기』 포북, 2018

- 가게야마 요시키, 『상위 1%로 가는 일곱 계단』 다른상상, 2020

- 류웨이위, 『하버드 성공수업』 리드리드출판, 2020

- 정민, 『오직 독서뿐』 김영사, 2013

- 조윤재, 『천년의 내공』 청림, 2016

- 하브 애커, 『백만장자 시크릿』 알에이치코리아, 2020

- 천공, 『통찰의 역설』 마음서재, 2020

- 안상헌, 『책을 읽어야 하는 이유』 북포스, 2009

- 도쓰카 다카마사, 『세계 최고의 인재들은 왜 기본에 집중할까』
비즈니스북스, 2014

- 조윤제, 『다산의 마지막 공부』 청림출판, 2018

■ 강상구, 『1년만 공부에 미쳐라』 북오션, 2017

■ 아담. J. 잭슨, 『내가 만난 1%의 사람들』 산솔미디어, 2020

■ 김유진, 『나의 하루는 4시 30분에 시작된다』 토네이도, 2021

■ 문요한, 『관계를 읽는 시간』 더퀘스트, 2018

■ 박홍이, 『죽기 전에 해야 할 77가지』 넥스윅, 2018

■ 윤정은, 『하고 싶은 대로 살아도 괜찮아』 애플북스, 2019

| 추 천 사 |

중학교 동창으로 젊은 시절 중간 중간 필자를 만났다. 재수할 때, 육사생도 복장을 입고 있던 86년에…. 그 후 장교생활을 했던 친구와 자주 만났고, 근무했던 부대에도 가본 적이 있다. 한 여름 병사들과 어울려 축구하면서 땀 흘리던 모습, 영어를 잘 하는 군인이 되겠다고 각오를 다지던 모습, 공병장교로서 전문서적을 공부하는 모습을 보면서 참 열심히 산다는 생각을 했다. 난 그 모습을 배우지는 못했지만 그런 친구가 있다는 게 좋았다. 자기계발서는 좋아하지 않지만 아주 잘난 사람이 아닌 평범한 사람의 자기계발서로 좋을 듯 싶다.

- 진정인〈한의원 원장〉

독서 혁명·관계 혁명·쓰기혁명·의식 혁명·운동 혁명이라는 다섯 가지 습관 혁명을 제시하고, 이를 단 66일 만에 체험할 수 있도록 해주는 귀중한 책, 우리는 이 책을 통하여 지금까지와는 다른 새로운 삶의 길에 눈을 뜨게 될 것이다.

- 이정택〈법무법인 변호사〉

66일 만에 자기계발에 관한 모든 것을 손에 넣을 수 있는 책이다. 평범하지만 평범하지 않은 삶을 살아온 필자가 들려주는 자기계발을 통한 삶의 재발견은 자라나는 청소년들 뿐 아니라 성인들에게도 잔잔한 감동으로 다가온다. 세종대왕, 정약용, 링컨, 피터 드러커, 무라카미 하루키 같은 동서양의 대가들을 통한 자기계발의 묘미를 접하는 것도 이 책의 장점이기도 하다.

- 전광섭〈호남대학교 교수〉

필자 김주난은 나의 사랑하는 육군사관학교 동기이자 전우이다. 친구를 생각할 때마다 '열정'이라는 단어를 연상하게 된다. 군대생활을 하면서 좌절할 때도 항상 웃음을 지으며 희망과 미래를 얘기했던 친구다. 이 책은 큰 웃음과 큰 포용으로 큰 애정을 보여주었던 친구이자 동기인 김주난의 삶에서 응축해낸 결과물이라 독자들에게 큰 메시지를 줄 것으로 확신한다.

- 김태업〈미 8군 정치군사 고문 (예) 육군 준장〉

모든 사람이 매일 행복한 삶을 살겠다는 마음을 가지고 일상을 시작하지만, 하루를 정리하고 돌아보면 아쉬움과 후회가 남는 경우가 많다. 이 책은 우리에게 후회 없는 삶을 살기위해 66일 동안 다섯 가지 습관 혁명을 실천하라는 메시지를 전달하고 있다. 청소년기에 올바른 습관이 형성되지 않은 분에게 적극 추천한다.

- 한연호〈前 한국 교육연구소 이사〉

생택쥐페리는 "당신이 배를 만들고 싶다면 사람들에게 배를 만들라고 강요하지 말고, 단지 바다를 동경하게 하라."고 말했다. 이 책은 바다를 동경하게 하고 솔루션도 제시하고 있다. 66일 동안 다섯 가지 습관 혁명을 실천하면 당신은 자신의 삶에서 참 주인으로서 두려움 없이 인생을 살아갈 수 있다. 이 책은 당신 꿈을 이룰 인생설계도의 방향성을 주는 등대 역할을 할 것이다.

- 홍현식〈치과의원 원장〉

인간은 태어나면서부터 관계 속에서 살아간다. 각자가 성장한 환경이 다르고 성격이 다르기 때문에 관계 속에서 우리는 치유받기도 하고 상처받기도 한다. 저자는 월남전, 아프가니스탄, 군대, 민간직장 등에서 자신이 직접 체험하거나 지인이 경험했던 인간관계 속에서의 문제점과 솔루션을 제시하고 있다. 좋은 인간관계를 통해 자신을 성장하고 싶은 분에게 적극 추천한다.

- 이진환〈치과의원 원장〉

평생 할 수 있는
강력한 루틴 만들기

66일
습관혁명

초판 1쇄 인쇄   2022년 3월 8일
1판 2쇄 발행   2023년 8월 10일

펴낸곳	이지퍼블리싱
지은이	김주난
편집	성주영
마케팅	이민우, 김은비
영업	이동진
디자인	양은경
주소	경기도 파주시 광인사길 209, 202호
대표번호	031.946.0423
팩스	070.7589.0721
전자우편	edit@izipub.co.kr
출판신고	2018년 4월 23일 제2018-000094호

ISBN 979-11-90905-18-3 (03190)
값 16,500원